本书由上海师范大学商学院资助出版

数字化时代的银行渠道转型与银行绩效

基于中国银行业的实证研究

何东伟 著

上海交通大学出版社
SHANGHAI JIAO TONG UNIVERSITY PRESS

内容提要

　　本书基于中国银行业的数据,从理论和实证角度分析了银行渠道转型的影响因素,以及渠道创新与银行绩效的关系,同时探究了电子银行渠道与传统分支机构渠道之间的关系。本书对于银行渠道转型的研究有助于深入了解中国银行业的发展和改革,对现实经济和金融市场的监管与风险评价有着重要意义。

　　本书适合经济学、金融学领域的研究人员以及银行业从业者阅读和参考。

图书在版编目(CIP)数据

　　数字化时代的银行渠道转型与银行绩效:基于中国
银行业的实证研究/何东伟著. —上海:上海交通大
学出版社,2022.7
　　ISBN 978-7-313-26675-0

　　Ⅰ.①数… Ⅱ.①何… Ⅲ.①数字技术-应用-银行
改革-研究-中国 Ⅳ.①F832.3-39

　　中国版本图书馆 CIP 数据核字(2022)第 041107 号

数字化时代的银行渠道转型与银行绩效——基于中国银行业的实证研究
SHUZIHUA SHIDAI DE YINHANG QUDAO ZHUANXING YU YINHANG JIXIAO——
JIYU ZHONGGUO YINHANGYE DE SHIZHENG YANJIU

著　　者:何东伟			
出版发行:上海交通大学出版社		地　　址:上海市番禺路 951 号
邮政编码:200030		电　　话:021-64071208
印　　制:上海景条印刷有限公司		经　　销:全国新华书店
开　　本:710mm×1000mm　1/16		印　　张:12.5
字　　数:174 千字		
版　　次:2022 年 7 月第 1 版		印　　次:2022 年 7 月第 1 次印刷
书　　号:ISBN 978-7-313-26675-0		
定　　价:68.00 元		

前　言

　　互联网信息技术的发展推动了许多传统银行业的发展与变革,改变了银行的营销渠道与竞争方式。越来越多的银行开始开通电子银行作为提供银行服务的重要渠道,电子银行在全世界范围内得到了快速发展,已经成为商业银行的重要业务之一。

　　目前银行的渠道主要分为两种:一种是以银行实体网点为代表的传统银行渠道,另一种是以网上银行、手机银行为代表的电子银行渠道。两种银行渠道之间存在相互替代的关系,并深刻地影响了银行的发展策略。以电子银行为代表的银行渠道创新给传统银行业的经营模式和竞争方式带来了巨大的改变,并深刻地影响着银行的经营绩效。20世纪90年代以后,电子银行在中国经历了快速的发展。银行实体分支机构作为传统银行业的重要渠道,受到电子银行渠道的冲击和影响。电子银行渠道对银行绩效的影响以及电子银行渠道与传统银行分支机构渠道之间的关系成为学者与银行经营者关注的热点之一。

　　为了探究银行渠道创新与银行绩效之间的关系以及电子银行渠道与传统银行分支机构渠道之间的关系,本书基于中国银行业的数据,从理论和实证角度对电子银行渠道开通的影响因素、电子银行渠道对银行收益和风险的影响、跨区域经营对银行绩效的影响,以及电子银行对银行跨区域经营的影响等问题进行了考察。本书运用现代经济学理论,估计了衡量银行经营效率的测度模型,探讨了银行渠道创新对银行经营绩效的影响。

　　本书主要包括以下四个部分:第一部分构建了一个电子银行开通决策的理论模型,考察了影响银行开通电子银行的因素;第二部分从实证角度分析了电子银行渠道对银行效率和风险的影响;第三部分考察了中国银行业分支网点的整体分布情况以及不同类型银行跨区域经营的模式和特点;第四部分研究了银行跨区域经营与银行绩效之间的关系。基于实证研究,本书提出以下政策建议:第一,要充分认识电子银行渠道对银行未来发展的作用,把握渠道创新的发展方向;第二,要注重和防范电子银行渠道发展中的风险;第三,要注重电子银行渠道与实体网点渠道之间的融合。

目 录

第1章 导论 — 001

1.1 电子银行的发展概况 — 001

1.2 中国银行业发展历程 — 005

1.3 问题的提出 — 007

1.4 相关概念的界定 — 008

1.5 研究意义 — 012

1.6 研究思路与研究框架 — 014

1.7 研究方法 — 015

1.8 创新点 — 016

第2章 银行渠道创新相关理论基础 — 017

2.1 技术革新与技术扩散研究回顾 — 017

2.2 电子银行与银行绩效研究文献综述 — 020

2.3 跨区域经营与银行绩效研究文献
综述 — 024

2.4 银行效率研究文献综述 — 028

2.5 国内外文献评述 — 032

第3章 银行开展电子银行业务的影响因素：理论与
实证 — 034

3.1 中国电子银行业务发展概述 — 036

3.2　银行开展电子银行业务的理论分析　－039

3.3　数据与实证研究方法　－043

3.4　实证结果　－047

3.5　本章结论　－064

第4章　电子银行与银行绩效：基于中国银行业的实证　－066

4.1　电子银行对银行绩效影响的理论框架　－071

4.2　数据与实证模型设定　－072

4.3　实证结果分析　－083

4.4　本章结论　－101

第5章　银行跨区域经营的特点与影响因素　－103

5.1　银行跨区域经营模式的特点　－104

5.2　银行跨区域经营影响因素的实证分析　－111

5.3　本章结论　－119

第6章　跨区域经营与银行绩效的实证分析　－121

6.1　中国银行业跨区域经营的制度背景　－121

6.2　跨区域经营与银行绩效的理论框架与文献综述　－126

6.3　样本统计性描述与实证研究设计　－128

6.4　实证结果分析　－137

6.5　本章结论　－162

第 7 章　主要结论与研究展望 — 164

　　7.1　研究结论 — 164

　　7.2　政策建议 — 168

　　7.3　研究展望 — 172

参考文献 — 174

索引 — 188

第 1 章　导　论

信息技术与金融服务业的高度融合,使金融服务业进入了移动互联时代。随着互联网技术的发展以及电子商务的兴起,网上银行业务开始了强劲的发展,全球银行业进入大力发展网上银行业务、获取竞争优势的新阶段。

1.1　电子银行的发展概况

根据 Furst 等(2002)的定义,网上银行(online banking 或 internet banking)又称电子银行,是指通过互联网远程提供银行服务的一种渠道。电子银行提供的服务包括开通存款账户、不同账号间的转账等传统银行服务,以及电子账单查询、网络支付等新型银行服务。2006 年,中国银行业监督管理委员会发布了《电子银行业务管理办法》,将电子银行定义为:商业银行等银行业金融机构利用面向社会公众开放的通信通道或开放型公众网络,以及银行为特定自助服务设施或客户建立的专用网络,向客户提供的银行服务。电子银行业务包括利用计算机和互联网开展的银行业务(网上银行业务),利用电话等声讯设备和电信网络开展的银行业务(电话银行业务),利用移动电话和无线网络开展的银行业务(手机银行业务),以及其他利用电子服务设备和网络,由客户通过自助服务方式完成金融交易的银行服务。

自 20 世纪美国成立第一家网上银行[①]开始,网上银行在全世界范

[①] 世界上第一家纯网络银行是 1995 年在美国亚特兰大成立的安全第一网络银行(Security First Network Bank, SFNB)。

围内得到了快速发展,已经成为商业银行的重要业务之一。中国网上银行的发展始于 20 世纪 90 年代,经过 30 多年的发展,几乎所有的大型银行和大多数中小银行都开始为客户提供网上银行服务。随着移动互联时代的到来,银行的业务模式也经历着前所未有的重大变化。互联网和移动设备带来的冲击,正在逐步改变着银行的经营模式和客户开发模式。

传统银行业务是以人工操作为主要特征,通过纸质凭证进行业务交易。银行在电子化的初级阶段,即银行结算自动化阶段,实现了前台、中台和后台三个业务处理环节中的中台电子化,但前台和后台业务还需要通过纸质凭证进行处理,这种业务模式仅仅在一定程度上提高了银行的业务处理效率,并未对银行的经营模式产生实质性影响。随着信息技术的快速发展和完善,越来越多的银行开通了电子银行业务。银行客户可以登录电子银行账户,通过网络直接发送电子指令,而银行无须人工干预即可实时完成业务。电子银行的兴起,实现了银行业务处理全过程的电子化和自动化。

自从 1997 年招商银行率先开通电子银行业务以来,电子银行业务在中国经历了迅猛的发展。根据中国银行业协会发布的《2020 年中国银行业服务报告》,2020 年中国网上银行交易达 1 550.30 亿笔,交易总额达 1 818.19 万亿元,同比增长 9.68%;手机银行交易达 1 919.46 亿笔,同比增长 58.04%,交易总额达 439.24 万亿元,同比增长 30.87%。

电子银行业务的蓬勃发展正在对商业银行产生巨大而深远的影响。如何正确认识电子银行对银行业的影响,更好地应对移动互联时代的挑战,抓住新的发展机遇,是一个非常值得关注与研究的问题。

在移动互联时代,信息技术不断地冲击着传统行业,使传统行业发生了潜移默化的变革。而电子银行的兴起对传统银行业务产生的影响尤为显著,主要表现为以下几方面。

电子银行业务的出现使银行在支付结算领域内的竞争者不断增多,竞争更为激烈。商业银行曾在支付结算业务中占据绝对的垄断地位,但电子银行业务和移动互联技术的发展使银行的支付优势逐渐弱化,以前只有银行能够行使的职能,现在其他由信息技术推动的行业也可以做到。在国内,支付宝、微信支付、百度钱包、京东支付、快钱、平安壹钱包等一系列第三方支付平台已成为传统银行支付的重要竞争对手,实现了对银行现金支付功能的全覆盖,还推动了货币的电子化进程,加速了金融科技的发展。随着竞争格局出现新的变化,商业银行不得不面对许多新的竞争对手,竞争压力越来越大。

电子银行业务为传统银行间的竞争开辟了新的领域。随着移动互联时代的到来,银行间的竞争不再仅仅是资产规模和物理网点建设等方面的竞争。在传统的银行竞争中,机构网点越多表明实力越强,相互竞争遵从的是"大鱼吃小鱼"的丛林准则。电子银行业务的出现,让越来越多的客户选择通过网络进行业务办理,银行经营绩效的好坏,与银行的规模和网点机构并没有直接的关系。随着信息技术的发展,银行不可避免地参与到电子银行业务的竞争中来。

电子银行业务的发展改变了银行与客户之间的关系。电子银行提高了客户对银行渠道的选择性,客户不再像以前那样只能到住所或工作场所附近的银行办理业务,而是通过电话、手机和互联网足不出户就可以进行业务操作。同时,电子银行逐渐改变了客户使用银行产品和服务的模式。越来越多的客户对服务的便捷程度和时间成本的要求越来越高,更加倾向于通过手机、网站等工具浏览查阅银行的资料,然后做出选择。

电子银行业务改变了银行的传统发展模式。传统的银行发展模式是增设物理网点、扩大分支机构数量、增加从业人员的外延式、粗放式发展模式。这种发展模式曾经在银行发展历史上发挥了重要作用,大大扩展了银行经营的地域范围,使银行的经营规模和客户规模迅速扩大,同时带来人力资本和设备购置费用等巨额资金投入。在电子银行渠道出现以前,银行需要通过实体网点的地理扩张来提高市场份额,与其他银行进行竞争。这种依靠网点扩张的传统发展模式随着时间推移给银行带来了机构臃肿、人员队伍庞大等负面影响。移动互联时代的到来,让银行从"砖块加水泥"的传统模式逐渐转变为"鼠标加水泥"的内涵式发展模式。"鼠标加水泥"的发展模式就是依托银行的丰富经验、雄厚实力、品牌效应及分支网点的布局,在传统银行内部设立相对独立的网上银行机构,在实体银行支持下发展电子银行业务。电子银行业务可以提高经营效率,在银行业务量迅猛增长、网点和人员不断收缩的情况下依然能够正常经营和发展。正是因为上述原因,越来越多的银行加入发展电子银行的行列之中,"鼠标加水泥"的发展模式已经逐渐成为传统银行发展模式的主流。许多银行开始调整网点结构,裁撤网点和人员,不断优化自身的业务渠道。

随着移动互联时代的到来,电子银行业务对银行的产品创新提出了新的要求。电子银行业务已经成为展示银行新产品的重要渠道,对银行产品创新的影响也逐渐增大。银行内部越来越多的部门需要通过网上银行开展业务,产品涉及面越来越广泛,产品体系越来越庞大,这就要求传统银行改革产品设计、测试和投产的组织机制,加强内部沟通和协调,更多地采用外包方式以借助和发挥外部资源,提高产品创新的节奏和速度。如果银行不能适应电子银行业务对产品创新提出的新要求,那么其产品将逐渐丧失市场竞争力。

当然,电子银行作为一种全新的业务,内控制度还不够健全,相应的法律法规还有待制定和完善,某些技术也可能存在缺陷,从而可能给银行带来新的风险,使银行的风险管理更加复杂和艰巨。电子银行的开户注册、证书发放等业务环节还必须经由银行内部人员处理,互联网的开放性使得不法分子可以通过假冒银行网站、对客户电脑植入病毒等手段窃取客户密码和资金,甚至攻击银行网站引起电子银行服务中断,给银行带来新的操作风险。

电子银行在移动互联时代对银行的影响逐渐显现出来,甚至会在不远的将来变革银行的经营模式和发展路径。电子银行作为一种新的银行渠道创新,与传统银行渠道之间既存在竞争和替代的关系,又存在互补的关系。传统银行渠道与电子银行相互作用,正逐渐而深刻地改变着银行业的现状和发展趋势。因此,研究移动互联时代渠道创新对银行转型和发展的影响,不仅具有重要的理论意义,还有着重大的现实意义。

1.2 中国银行业发展历程

中华人民共和国成立之前,解放区已经设立了各自不同的地区性银行。各根据地建立的主要银行有:陕甘宁边区银行(1937)、晋察冀边区银行(1938)、北海银行(1938)、冀南银行(1939)、西北农民银行(1940)等。1948 年 12 月 1 日,华北人民政府以华北银行为基础,合并北海银行和西北农民银行,设立了中国人民银行,并发行人民币。1949 年 9 月,中国人民银行被纳入政务院的直属单位系列,被赋予国家银行职能,承担发行国家货币、经理国家金库、管理国家金融、稳定金融市场、支持经济恢复和国家重建的任务。

中华人民共和国成立之初,银行业担负着特殊而紧迫的历史任务。一是没收旧中国的官办银行,建立新型的国家银行的全国银行网络;二是抑制通货膨胀,建立全国统一稳固的人民币市场;三是广泛动员社会闲散资金,恢复发展国民经济,为建立社会主义公有制经济提供信贷援助;四是打击高利贷活动,帮助农民发展农村信用合作,为农民生产生活服务,占领农村借贷阵地;五是利用和改造民族资本银行业,使其为发展社会主义经济服务(黄鉴晖,1994)。1952 年国民经济恢复时期终结时,中国人民银行建立了全国垂直领导的组织机构体系。在统一计划经济体制中,中国人民银行作为国家金融管理和货币发行的机构,既是管理金融的国家机关,又是全面经营银行业务的国家银行。从 1953 年开始,为了适应高度集中的银行体制,中国建立了集中统一的综合信贷计划管理体制,即全国的信贷资金都由中国人民银行总行统一掌握,实行统存统贷的管理办法。

随着十一届三中全会的召开,中国的银行业也开始了重大改革。1979 年,国家为了加强对农村经济的扶植,恢复了中国农业银行;为了适应国际金融业务发展的需要,重新设立中国银行,成为国家指定的外汇专业银行。接着陆续恢复和设立了中国建设银行、中国工商银行。改革后,中国农业银行主要从事农村信贷业务,中国银行主要从事外贸信贷业务,中国建设银行主要从事基础建设信贷业务,中国工商银行主要从事工商信贷和储蓄业务。至此,中国银行业形成了"央行 + 四大国有银行"体系。虽然企业化改革让国有银行拥有了一定的资金融通权和信贷支配权,但是国有银行必须按照国家的信贷计划对国有企业授信。国家对于四大国有银行的恢复和建立也是按照计划经济时期的行业管理模式发展的,中、农、工、建分别在外汇、农村、工商企业和基础建设领域保持绝对的垄断(陆岷峰等,2019)。自 1985 年后,虽然四大国有银行可以从事各类信贷业务,但是银行的竞争还是非常有限。

由于国家通过行政手段实现了对国有银行的绝对控制,对体制内的产出进行金融支持,以弥补财政能力的下降,银行业被异化为政府的"第二财政",发挥着财政补贴、税收替代、平衡预算等财政功能(周立,2003)。由于承担了过多的政策性负担,国有银行的资产状况不断恶化,不良贷款剧增。为了改善国有银行的经营状况,中国从 1994 年开始推进国有银行商业化改革,把国有银行转变为具有独立民事行为能力的自主经营、自担风险的商业主体,并设立国家开发银行、中国进出口银行和中国农业发展银行三家政策性银行,实现政策性金融和商业性金融的分离。为了化解国有银行的金融风险,剥离不良贷款,财政部发行了2 700 亿元特别国债为四大国有银行注资,并由新设立的东方、信达、华融、长城四家金融资产管理公司接收四大国有银行的不良贷款。1995年之后,国家先后出台了《中华人民共和国中国人民银行法》《中华人民共和国商业银行法》等一系列金融法律,规范了商业银行的权利和义务、业务范围,为银行的发展提供了法律保障。

2001 年中国正式加入世界贸易组织,标志着中国银行业进入国际化改革阶段。2003 年,中国银监会的成立标志着分业监管体制正式确立,监管体制逐步与国际接轨。中国银监会从制度、法治、机制、指标、流程、技术、数据和信息公开等方面加强了银行业监管的规范性建设,为中国银行业防范系统性金融风险、抵御金融冲击以及推进中国银行业专业化发展做出了积极贡献(王国刚,2019)。2006 年,国务院签发《中华人民共和国外资银行管理条例》。外资银行可以通过自设机构扩张和入股中资银行两种方式进入中国市场。中国政府也积极履行入世承诺,逐步放开外资银行外汇业务、放宽外资银行从事人民币业务的客户和地域范围。

中国银行业 70 年的发展,经历了企业化、商业化、股份制改革,基本上建立了完备的社会主义市场化商业银行体系。中国银行业紧密结合国情,在实践中不断探索,在发展中持续创新,走出了一条中国特色银行业发展之路。

1.3　问题的提出

随着互联网技术的发展,电子银行已经成为银行业发展的重要方向,成为银行业最为突出的创新之一,对金融发展的影响正在不断上升(尹龙,2003)。电子银行在中国的发展肇端于 20 世纪 90 年代,经过 30 多年的发展,几乎所有的大型银行和大多数中小银行都开始为客户提供电子银行服务。作为一项重要的业务创新,电子银行的功能越来越完善,已经成为人们生活和工作中不可或缺的一部分。根据中国银行业协会的数据,2017 年网上银行个人客户达 14.31 亿户,同比增长 17.32%[①]。

针对银行为什么选择提供电子银行服务,电子银行怎样影响银行绩效的问题,学者们进行了积极有益的研究。一些学者认为商业银行选择提供电子银行服务主要因为电子银行能够通过减少实体分支机构来削减间接成本以及其他相关成本。DeYoung(2005)和 Delgado 等(2007)指出电子银行可以为银行带来规模经济,而且电子银行的边际成本要远远低于传统分支机构的边际成本,从而带来利润的增长。

电子银行也被视为一种可以替代银行实体分支机构的银行渠道创新,在许多交易服务(如货币支付、抵押贷款和储蓄存款)方面成本低于其他传统银行渠道的单位交易成本。另外,电子银行还与银行实体分支机构形成互补,电子银行服务和人工服务有着不同的特点,可以满足不

---

① 数据来源:中国银行业协会. 2017 年网上银行交易额超 1 725 万亿元,同比增长 32.7%［EB/OL］.(2018 - 03 - 16)［2020 - 10 - 14］. https://finance. ifeng. com/a/20180316/16031596_0. shtml.

同消费者的需求,提升银行的整体价值,使银行能够提供新的服务以及多元的组合服务。也有一些观点认为,许多银行开通电子银行业务不是因为电子银行业务能够提高盈利能力,而是为了防御竞争对手,以免在竞争中处于不利位置。

电子银行业务的快速发展,不仅对银行的经营绩效产生重要的影响,也会深刻地影响银行的经营模式和竞争方式,以及银行的跨区域经营战略。为了探究移动互联时代背景下,电子银行的出现对中国银行业经营模式和经营绩效的影响,本书试图回答几个重要的问题:第一,银行开通电子银行的动机是什么? 什么因素影响了银行开展电子银行业务? 第二,电子银行业务如何影响银行的绩效? 电子银行与实体分支机构之间存在什么样的关系? 第三,在移动互联时代,银行的机构扩张呈现什么样的模式? 第四,银行的地理扩张对银行的绩效有什么样的影响?

1.4 相关概念的界定

1.4.1 银行渠道与银行渠道创新

银行渠道是指客户通过各类接触点与银行的产品、服务以及信息发生交互的途径和方式(夏棒,2019)。银行所提供的各种产品和服务都是通过银行的各种渠道完成的。传统的银行渠道主要是银行的实体网点渠道,顾客通过银行网点的柜台、ATM 机、多媒体查询机等办理相关业务。一直以来,银行的实体网点都是银行提供产品和服务的重要渠道。随着科学技术的发展,客户对银行服务的渠道和方式提出了新的需求,呈现出移动化、定制化、智能化的发展趋势,银行的渠道创新和网点正在面临重要的战略转型和变革。

银行渠道创新是指银行对其向客户提供产品和服务的渠道进行的创新活动,渠道创新是当前银行业商业模式创新的重要表现与主要载体(翁智刚等,2015)。本书所探讨的银行渠道创新主要指的是银行通过网络虚拟渠道为客户提供相关服务的创新。进入 21 世纪以来,以数字技术和移动网络技术为基础的渠道创新和商业模式创新对传统银行产生了前所未有的冲击(Zhou et al.，2005；Ceccagnoli，2009)。随着移动互联技术的发展,电话银行、网上银行、手机银行、微信银行等新兴的银行渠道开始蓬勃发展起来。本书所研究的银行渠道创新主要是指网上银行。在银行业中,电子银行渠道被认为是降低成本、提高盈利能力的重要驱动力,是相对于金融产品更重要的创新(谢平等,2012；翁智刚等,2015；谢平等,2015)。

1.4.2　电子银行

当前文献对于电子银行的概念有着不同的界定,为此本节将梳理现有文献对电子银行的定义,并给出本书对于电子银行的界定,以便后续章节更好地阐述研究的内容。由于定义的范围界定不同、定义问题时目的和出发点不同以及定义方法不同,国内和国外理论界对于电子银行并未形成统一的定义(李兴智和丁凌波,2003)。本研究在界定电子银行的概念时,并不力求完美和全面,而是保持与本书所研究内容逻辑上的一致,以便读者能够清楚地明了本书研究对象的范围。

电子银行又称为网上银行、网络银行,其定义分为广义和狭义两种。①广义的电子银行是指银行拥有独立的网站,能够通过互联网为客户提供一定服务的渠道。这些服务包括一般信息和通信服务以及账户查询、转账等实质性银行服务。②狭义的电子银行是指银行通过互联网提供一种或几种实质性银行服务和产品的渠道(李兴智等,2003)。相比于传统的银行渠道,电子银行渠道的优势体现在五个方面:①运营成本低。虽然电子银行基础设施前期的投入较多,但长期的运营成本很低,可以实现规模经济。根据国内某商业银行的测算,通过银行实体网点进行交易的单位成本为 3.06 元,ATM 交易的单位成本为 0.83 元,而电子银行交易的单位成本仅为 0.49 元(张衢,2007)。②业务处理效率高。通过采用电子票据和无纸化服务,电子银行消除了客户与银行之间的物理距离,实现了数据共享,大幅提升了银行的业务处理速度。③产品和服务创新能力强。电子银行不仅能够提供存贷款、信用卡还款等传统银行渠道的服务,还可以向客户提供个性化的金融服务和产品。④能提供高效的信息增值服务。电子银行还可以借助信息技术向客户提供高附加值的信息增值服务,如投资顾问、理财产品咨询等服务。⑤易于实施客户关系管理。电子银行渠道为银行的客户管理提供了一个快捷、便利的联系通道,能够充分地了解客户的需求,为客户提供个性化的金融服务,加强银行与客户之间的联系。

Furst 等(2002)对电子银行的定义为:通过互联网远程提供银行服务的一种渠道。李兴智等(2003)将电子银行定义为以现代通信技术、互联网技术和电子计算机网络技术为基础,采用电子数据的形式,通过互联网络开展银行业务,提供个性化金融服务的一种新型银行。张卓其(2005)认为电子银行是一种虚拟银行,它无须设立分支机构,通过互联网将银行服务铺向全国和全球,使客户在任何地点、任何时刻都能以多种方式获取银行全方位的个性化服务。中国银行业监督管理委员会于2006 年发布的《电子银行业务管理办法》对电子银行业务的定义为:商业银行等银行业金融机构利用面向社会公众开放的通信渠道和开放型公众网络,以及银行为特定自助服务设施或客户建立的专用网络,向客户提供的银行服务。《电子银行业务管理办法》将电子银行的业务分为四类:网上银行业务(利用计算机和互联网开展的银行业务)、电话银行业务(利用电话等声讯设备和电信网络开展的银行业务)、手机银行业务(利用移动电话和互联网开展的银行业务)以及利用其他外部电子服务设备提供的由客户自助服务的银行业务。

根据上文的分析,本研究对电子银行概念的界定如下:电子银行是银行通过互联网为客户提供银行服务的一种渠道,银行客户可以使用手机、计算机等互联网终端设备获取账户查询、转账等银行服务。不同于《电子银行业务管理办法》,本书对电子银行的界定主要包括上述定义中的网上银行业务和手机银行业务,以及其他通过互联网提供银行服务的渠道(如微信银行)。无论是手机银行还是网上银行都是通过移动终端和互联网开展银行业务,让客户能够在任何时间、任何地点获得银行的个性化服务。因此,本书所指的电子银行是指通过互联网远程提供网上支付、转账、电子账单查询等一系列银行服务的一种渠道。

1.4.3 跨区域经营

银行跨区域经营又称银行地理分散、银行空间分散,是指银行在总部以外的地区从事银行业务的行为。银行异地分支机构数量越多,异地经营的城市数量越多,异地分支机构与银行总部的距离越远,说明银行经营的空间范围越大,跨区域经营的程度越高。银行进行跨区域经营的模式主要有两种:一是直接在异地城市设立分支网点,二是合并重组异地的银行。在没有电子银行渠道以前,跨区域经营是银行进行战略扩张的主要方式。为了开拓市场,许多规模较大的商业银行以总行为基础,在异地设立大量分支机构,实施跨区域经营战略。随着电子银行渠道的发展,银行之间的市场竞争不再局限于传统的实体网点渠道。许多中小银行可以充分利用电子银行业务的优势,扩大自身的市场份额。

1.4.4 银行绩效

银行绩效是指银行的经营业绩、管理水平以及管理效果,反映的是银行经营效率水平的高低。在衡量银行绩效时,中国商业银行主要采用体现资产管理能力、盈利能力、偿债能力和可持续发展能力等方面的指标(杨学锋,2006)。具体来讲,这些指标包括总资产周转率、不良贷款率、总资产收益率、净资产收益率、流动比率、资本充足率、利润增长率、营业收入增长率等。国内外相关文献也使用总资产收益率、净资产收益率、每股收益、流动性比率、存贷比率、不良贷款比率、核心资本充足率、存款增长率、资本充足率、资本积累率、贷款增长率等指标来衡量银行的绩效(李维安等,2004;杨德勇等,2007;DeYoung et al. ,2007;Hernando et al. ,2007;祝继高等,2012;Cheng et al. ,2016;蔡卫星,2016)。

在衡量银行绩效时,除了上述指标,国内外学者还使用了银行的效率指标(Berger et al. ,2001;姚树洁等,2004;郭妍,2005;王聪等,2007;Berger et al. ,2009;Ariss,2011;姚树洁等,2011)。银行效率指标主要基于非参数方法(如 DEA)和基于超越对数(translog)函数的参数方法进行估计,包括利润效率、成本效率、规模效率、范围效率和 X 效率等指标。第 2 章将详细讨论银行效率的估计方法和相关研究文献。

1.5 研究意义

经过 70 多年的发展,我国银行业形成了大型国有控股银行、股份制银行、城市商业银行、农村商业银行、中外合资银行、外资银行等各类银行共存的格局。在互联网技术蓬勃发展的过程中,我国商业银行也经历了广泛而深远的信息化建设,成为引领金融发展创新的排头兵。越来越多的银行开始重视信息技术对银行经营模式的影响,主动拥抱移动互联时代的变革。由于电子银行的出现,银行之间的竞争方式越来越多样化,不再局限于传统的地理扩张。电子银行能够提供非常广泛的银行业务,且边际成本要远远低于传统的实体分支机构。电子银行与传统分支机构之间的关系目前并没有一致的结论,一些学者(Hernando et al.,2007;DeYoung et al.,2007)认为电子银行与实体机构之间是互补的关系,电子银行可以为银行带来规模经济,削减银行的间接成本及其他相关成本,从而带来银行利润的增长。另外,电子银行服务和人工服务有着不同的特点,可以满足不同消费者的需求,提升银行的整体价值,使银行能够提供新的服务以及多元的组合服务。

电子银行也被视为一种可以替代银行实体机构的银行渠道创新,许多交易服务(如货币支付、抵押贷款和储蓄存款)的成本低于传统银行渠道的单位交易成本。网上渠道突破了空间和时间的限制,能够让客户随时随地获得银行的服务,提高了银行服务的效率,也为客户提供了很大的便利。以 5G 和物联网为代表的移动互联技术使网上渠道的信息呈现方式、数据交互速度、联通的终端种类方面获得大幅提升(夏棒,2019)。近些年来,一些大型银行开始战略性裁撤分支网点也在一定程度上说明了电子银行对实体分支网点的替代作用。

也有一些学者(DeYoung et al.,2002)认为,许多银行开展电子银行业务不是因为电子银行业务能够提高盈利能力,而是为了防御竞争对手,以免在竞争中处于不利位置。对于一些小银行来说,由于规模较小,难以发挥电子银行的规模效应。相对高昂的网络维护成本使得电子银行成为银行的成本中心,导致利润下降。然而,当外部竞争对手都提供电子银行业务时,不提供电子银行业务可能会导致许多高价值用户流失,造成巨大的损失。

在移动互联时代,银行业不断加快自身的渠道建设,并重新审视网上渠道与实体网点渠道之间的关系。许多商业银行开始注重网上渠道与实体网点渠道的融合,重新设计银行网点布局,根据不同地区的经济发展情况对现有分支网点进行关闭、合并或迁移,集中后台服务流程,使银行可以通过不同的渠道更好地为客户提供服务。为了顺应移动互联时代客户对银行需求的变化趋势,许多银行一方面推进实体网点的智能化、集约化、场景化、专业化转型,另一方面推进网上渠道优先战略,并推进金融科技和互联网金融的公司化运作,围绕金融生态圈,打造网上渠道与实体网点渠道融合的业务平台。

网上渠道的发展会不可避免地对银行的跨区域经营战略产生深刻的影响。虽然网上渠道占银行业务的比重不断增加,但跨区域经营依然是大部分中小银行扩大自身实力和规模的重要策略。因此,研究移动互联时代不同银行渠道之间的关系以及网上渠道和跨区域经营对银行绩效的影响就显得十分必要,有着重要的实践价值和理论意义。

从当前文献来看,关于电子银行对银行绩效的影响以及网上渠道与传统银行渠道关系的研究还相对较少,而且大部分研究主要聚焦美国和欧洲等发达国家和地区(Egland et al.,1998；Sullivan,2000；Furst et al.,2002；Hernando et al.,2007；DeYoung et al.,2007；Ciciretti et al.,2009)。从现有实证研究来看,学者们对于电子银行渠道对银行绩效的影响并没有一致的结论。中国作为世界第二大经济体和经济体量最大的发展中国家,其银行体系伴随着经济的高速发展突飞猛进,进行了数次重要变革,实现了跨越式发展。尽管如此,中国依然处在经济转型时期,许多法律体系和金融体系都还不够健全。中国银行体系与发达国家相比还存在不小的差距,在很多方面都有着发展中国家的特征。本书旨在考察电子银行对中国银行业绩效的影响,同时探究移动互联时代中国银行业发展方向和竞争模式的变化。因此,本书的研究不仅填补了以往文献在新兴经济体银行业研究方面的空白,还能够给中国乃至其他发展中国家的银行体系发展提供有益的政策建议。

1.6 研究思路与研究框架

为了研究移动互联时代电子银行对中国银行业绩效和经营模式的影响,本书主要从以下几个方面展开。首先,利用现代经济学的理论分析框架,构建银行开展电子银行业务的理论模型,分析影响银行采用电子银行的因素,同时运用实证分析的方法对电子银行与银行绩效之间的关系进行实证分析。其次,运用中国银行业样本数据探究银行跨区域经营的模式,并且分析跨区域经营对银行经营业绩和风险的影响。最后,根据理论模型和实证分析的结果,寻找移动互联时代中国银行业稳定发展和提高效率的途径,为进一步制定符合现实的银行业监管政策提供理论和证据支持。具体来讲,本书的主要结构如下:

第1章为导论,是全书的研究纲领,对全书的研究起指导和界定作用。本章主要阐述研究背景和中国银行业发展的主要历程,并提出要研究的问题以及研究问题的意义,同时阐述了研究所采用的分析框架、方法和创新点。

第2章是文献综述,回顾了国内外电子银行、跨区域经营与银行绩效的相关文献,并讨论了技术革新与技术扩散、银行效率研究的文献。同时,本章在文献分析的基础上提炼出本书的分析框架。

第3章在银行收益最大化的理性假设条件下构建了银行采用电子银行业务的模型,从理论上探讨了银行开展电子银行业务的动机,并运用计量经济学方法实证考察了电子银行开通的影响因素。

第4章采用中国银行业的样本数据测算了银行的效率指标,并且实证分析了电子银行开通对银行效率和风险的影响。同时,还考察了网上渠道和传统银行渠道之间的关系。

第 5 章重点研究了移动互联时代中国银行跨区域经营的特点,实证分析了银行跨区域经营的影响因素,并基于实证分析的结果得出了一系列结论。

第 6 章着重探究了银行跨区域经营对银行效率、利润和风险的影响。本章采用一系列指标来刻画银行跨区域经营的程度,同时考虑了银行类型及规模的差异所导致的银行异质性问题。

第 7 章为全书的总结部分,在前述研究的基础之上,得出了全书的主要结论,并提出了一系列促进中国银行业发展的政策性建议。最后,还指出了本书研究的不足之处以及需要进一步研究的问题和方向。

本书各章节的结构框架和逻辑关系如图 1-1 所示。

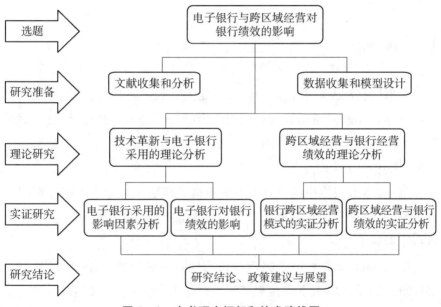

图 1-1　本书研究框架和技术路线图

1.7　研究方法

本研究采用了各种互相结合的研究方法,主要有理论分析和实证分析、定性分析和定量分析相结合。

（1）理论分析与实证分析相结合。理论分析是本书研究的基础，实证分析是本书研究的核心。基于经济学相关理论，本书构建了基于中国银行业实际的分析模型，并进行实证检验。在实证分析中，广泛收集中国银行业微观数据，采用现代计量经济学分析方法进行研究。

（2）定性分析与定量分析相结合。在分析方法上，本书采用定性分析与定量分析相结合的方法，以定量分析为主，定性分析为辅。

（3）文献分析与归纳演绎相结合。本书广泛收集国内外相关研究文献，综合归纳研究的进展和不足，从中找到本研究的理论基础和方法依据。同时，本书对理论和实证研究结果进行归纳综合，并提出有针对性的政策建议和结论。

1.8 创新点

本书以移动互联时代的中国银行业为背景，探讨了电子银行这一银行业务渠道创新对中国银行业发展的影响，试图构建与中国经济发展状况相适应的经济学模型，利用中国银行业微观数据进行了实证分析。本书的主要创新点如下：

第一，本书根据中国银行业的竞争模式构建了符合中国实际情况的理论模型，刻画了银行开展电子银行业务的理论模型，并采用实证分析进行了验证。

第二，现有文献对电子银行与银行绩效的研究大多都是理论分析，实证研究很少。本书手动搜集了银行开展电子银行业务的数据，进行了实证分析，填补了文献上的空白。

第三，本书从地理、文化等角度对银行跨区域经营的方式以及地区选择的因素进行了分析。同时，从实证角度分析了移动互联时代跨区域经营对银行绩效的影响。

第 2 章

银行渠道创新相关理论基础

　　银行渠道创新对银行业发展的影响一直是理论界和业界关注的热点问题,国内外的学者也从不同层面对银行渠道创新和银行绩效进行了探讨。本章将分别从技术革新与技术扩散、电子银行与银行绩效、跨区域经营与银行绩效以及银行效率研究等四个方面对现有文献进行归纳和评述。

2.1　技术革新与技术扩散研究回顾

　　电子银行的出现与现代信息技术的出现密切相关。随着信息技术和互联网技术的发展,银行业开始拥抱移动互联网,不断地推动银行电子化的发展。对于传统银行业来说,电子银行是一种变革性的技术创新。电子银行的出现使银行业的竞争方式变得更加多元化,也充满更多不确定性。关于新技术采用决策过程的研究已经有许多文献研究过,而且提出和发展了一系列理论模型。Jensen(1982)提出了一个企业在不确定环境下是否采用新技术以及何时采用新技术决策的理论模型。McCardle(1985)在信息是有成本的假设下,发展了 Jensen 的理论模型,认为企业应该不断地收集关于新技术的信息,直到企业采用新技术的利润足够高。Bhattacharya 等(1986)对 Jensen 的模型进行了扩展,他们在理论模型中允许企业可以先不采用新技术,同时愿意花费一定成本进行实验评估新技术的价值,然后根据评估结果决定是否采用新技术。Mariotti(1992)则提出了另一种获得新技术信息的路径,他假设一个企业采用新技术的经验能够被其他企业观察到,其他企业根据观察到的信息决定是否采用新技术。Mariotti 构造了一个博弈模型,每个企业都希望竞争对手先决策,并且权衡延迟采用新技术的收益和成本。在 Marriotti 的模型里,企业等待新技术采用是有成本的,因为新技术采用的期望收益会随着等待时间的增加而减少。

不少学者从企业采用新技术的创新回报不确定性出发,对新技术的采用策略进行了考察。通常来说,拥有技术创新优势的企业能够在市场竞争中获得强有力的竞争优势。然而,由于技术创新对企业回报的不确定性,率先采用新技术的企业不一定能够从新技术的采用中获得期望的收益。另外,由于技术溢出效应的存在,新技术带来的效益变得比较显著的时候,竞争者可以快速地采用新技术,获取技术革新所带来的收益。在一个动态规划的框架中,Farzin 等(1998)分析了当新技术的采用不可逆的情况下,企业面临不确定的随机技术创新时,对新技术采用的时机的选择。他们发现,企业采用新技术的时机取决于市场条件、初始技术特点以及随机技术创新的特点。Elberfeld 和 Nti(2004)分析了创新成本的不确定性对多寡头新技术采用策略的影响。在 Elberfeld 和 Nti 的模型设定中,每个企业面对新技术都有两个选择:一是采用新技术并承担新技术采用的前期投资成本,二是继续使用旧的技术。之后,寡头企业之间进行古诺市场竞争。Elberfeld 和 Nti 发现,由于利润是可变成本的凸函数,所有的企业都能从成本不确定性的增加上获益。当新技术的固定启动成本相对较高时,采用新技术的企业可以获得更多收益,新技术不确定性的增加会增加采用新技术的企业数量。当新技术的固定启动成本相对较低时,采用新技术不确定性的增加会减少采用新技术的企业数量。Zhang 等(2014)通过构建新技术采用的两阶段博弈模型,分析了创新回报不确定性和溢出效应对企业技术采用的影响。在他们的理论模型中,一部分企业会首先独立地在两种生产技术中做出选择,然后企业进行数量竞争。他们分析了研发产出不确定时的信息溢出效应,发现当技术的溢出效应很强的时候,所有积极投入研发的竞争者都会选择同一种生产技术。张伟等(2018)考虑了具有差异化产品的企业两阶段博弈模型,对技术创新回报不确定性和企业的最优采纳时间进行了分析。他们发现率先采纳新技术的企业的期望利润随着创新回报不确定性的增加而增加。当企业之间的产品差异比较大时,领导者企业在古诺竞争下的新技术最优采用时间比伯川德竞争下的新技术最优采用时间要早;当企业之间的产品差异比较小时,领导者企业在古诺竞争下的新技术最优采用时间要晚于伯川德竞争下的新技术最优采用时间。

一些文献从理论上分析了网上渠道的采用对实体零售商的影响(Balasubramanian,1998;Chiang et al.,2003;Kumar et al.,2006;Cattani et al.,2006;Yoo et al.,2011)。Cattani 等(2006)分析了制造商存在传统的销售渠道伙伴时,开通网上直销渠道对传统渠道的影响。他们发现当制造商选择批发价格作为斯塔克伯格领导者,传统渠道和网上渠道设定相同价格时可以最大化制造商的利润,而且传统渠道的零售商和顾客也更偏好这一定价策略。通过分析垄断制造商与线上及线下零售商的市场结构竞争情况,Yoo 等(2011)考察了不同的渠道结构和变化的市场条件对网上渠道进入的影响,发现网上渠道的进入并不总是导致零售价格的降低和消费者福利的提高。另外,他们的研究还发现独立的零售商可能会因为网上渠道的采用导致经营状况变差。

也有不少文献从实证分析的角度考察了企业对新技术的采用。Oster(1982)研究了美国钢铁行业采用氧气顶吹转炉装置的影响因素,她发现钢铁企业更新氧气顶吹转炉装置的程度受到企业特点和规模的影响。Karshenas 和 Stoneman(1993)总结了企业在竞争性市场中采用新技术的各种可能的决策机制,并指出企业采用新技术时存在着排名效应、存量效应、顺序效应和流行效应。排名效应是指,企业由于自身禀赋和特点(如企业规模)不同,采用新技术所得到的收益也不同。因此,企业会根据自身情况在不同的时点采用新技术,而不是在新技术出现时一窝蜂地引进。存量效应是指,一个企业采用新技术所得到的收益随着之前已采用新技术的企业数量增加而降低。顺序效应是指,企业采用新技术的收益与企业采用新技术的顺序有关,排序越靠前的企业收益越高,排序越靠后则收益越低。流行效应是指,新技术的扩散速度会随着越来越多的企业采用而加快。新技术的扩散是一个自我宣传的过程,会随着扩散的进行不断加快速度。Karshenas 和 Stoneman 使用英国工业行业采用数控机床的微观数据考察了新技术采用过程中的四种效应。实证结果表明在数控机床技术采用的过程中存在显著的排名效应和流行效应，却没有证据表明存量效应和顺序效应的存在。Astebro（2002）利用美国金属加工业的数据研究了不同的企业规模与计算机辅助设计技术及数控机床采用的关系，发现非资本成本分摊是企业决定是否采用新技术的主要因素。Nguyen 等（2013）研究了小企业采用信息技术的影响因素，他们发现组织特性（企业管理能力、企业文化、员工特点等）、网络效应（与供应商、商业伙伴和顾客的关系等）、外部信息技术顾问、内部信息技术资源等都会影响小企业对信息技术的采用，其中顾客关系是影响小企业采用信息技术的主要因素。

在银行研究的文献中，一些学者也研究了企业采用新技术决策的影响因素。Hannan 等（1984）考察了影响银行采用自助取款机的决定因素，并且分析了银行对竞争对手抢先采用新技术的反应。Courchane 等（2002）提出了一个考察银行采用电子银行技术的两阶段模型，并且用美国商业银行的数据检验了他们的假设。他们的研究发现大银行更有可能开通电子银行业务，而且确定性更高的市场中的银行也更可能开通电子银行。Hernandez-Murillo 等（2010）利用美国商业银行的数据研究了银行开展电子银行业务的决定因素，并且检验了竞争效应对银行开展电子银行业务的影响。他们发现，竞争对手开展电子银行业务的决策会影响银行是否开展电子银行业务。Dandapani 等（2018）考察了美国信用合作社采用电子银行技术的决定因素，发现规模大和盈利高的信用合作社有更高的可能性开展电子银行业务，而且信用合作社开通电子银行渠道的决策与其经营效率和不良贷款情况有关。

2.2 电子银行与银行绩效研究文献综述

通信技术以及数据处理所带来的技术革新促进了金融创新，也改变了银行提供产品和服务的方式（Frame and White，2014）。电子银行的出现改变了银行竞争的格局,改变了银行与客户之间的关系,改变了银行的传统发展模式,对银行产品创新提出了新要求,也对银行的风险管理产生了复杂而深远的影响(张衢,2007)。电子银行对于银行来说既是机遇也是挑战,因而得到了银行经营者和学者们的广泛关注。

从现有文献来看,关于电子银行对银行绩效影响的相关研究还相对较少,而且大部分研究主要聚焦美国和欧洲等发达国家和地区(Egland et al.,1998;Furst et al.,2000;Furst et al.,2002;Sullivan,2000;Hernando and Nieto,2007;DeYoung et al.,2007;Ciciretti et al.,2009;Hernandez-Murillo et al.,2010;Pana et al.,2015;Dandapani et al.,2018)。最早关注电子银行与银行绩效关系的文献来自 Egland 等(1998),Egland 等人的研究发现,相比于小银行,大银行往往更有可能提供电子银行服务。通过对美国银行业调查数据的考察,Furst 等(2000,2002)也发现大型银行比小银行更早开展电子银行业务,而且率先开展电子银行业务的银行对利息收入和存款的依赖性要小于未开展电子银行业务的银行,并且开通电子银行的银行其盈利能力要强于未开通电子银行服务的银行。Furst 等(2002)通过实证研究发现,属于银行持股公司、分支机构在城市地区、其他固定支出占净收益的比例较高、较高的非利息收入以及较高的成本效率都是银行开通电子银行服务的重要决定因素。Dandapani 等(2018)考察了美国信用合作社开通电子银行服务的影响因素,也发现规模越大,信用合作社采用电子银行的可能性越大。另外,是否开通电子银行与信用合作社的效率直接相关,与不良贷款率间接相关。通过对意大利银行业的考察,Ciciretti 等(2009)发现了电子银行与银行绩效之间的显著关系。他们的实证研究表明开通电子银行服务与银行的盈利能力之间有显著的正向关系,电子银行会带来银行风险的增加,但银行风险与电子银行之间的关系比较弱。Pana 等(2015)考察了电子银行对美国信用合作社绩效的影响,发现开通电子银行的信用合作社在 2001—2002 年的经济衰退期,提供给客户的利率比未开通电子银行的信用合作社更优惠;当经济复苏后,开通电子银行的信用社与未开通电子银行的信用社提供给客户的利率是类似的。

他们的研究结果也表明,电子银行在给客户带来更便利服务的同时,并不会对信用合作社的存款利率带来负面影响。

国内对于电子银行与银行绩效、风险关系的讨论多为理论分析(马蔚华,2001;倪建明等,2001;程静,2002;何伟岗,2004;尹龙,2003;李维民,2005;潘艳红,2006;刘超等,2009;李成刚,2016 等),主要关注电子银行与银行风险之间的关系,而对电子银行和银行其他经营绩效的关系研究较少,且相关的实证分析也寥寥无几。马蔚华(2001)指出电子银行的发展是与电子商务的出现密不可分的。电子商务及其带来的社会经济变革是以电子银行和网上支付系统的发展为基础的。电子银行的出现给传统银行业带来了巨大的发展机遇,具体表现在:①电子银行带来了巨大的市场和全新的发展机遇;②电子银行带来了全新的服务模式,突破了传统的经营和服务模式;③电子银行带来了全新的银行运作模式。倪建明等(2001)从理论上阐述了电子银行的风险识别问题和监管框架。从银行业务渠道的角度,程静(2002)分析了电子银行业务与传统银行业务之间的关系。尹龙(2003)从电子银行风险监管的角度对电子银行的风险进行了论述,认为电子银行在规划设计、经营管理、业务创新等方面还需要不断加强,形成有效的电子银行监管体系。何伟岗(2004)也指出了电子银行所带来的风险不仅有传统银行风险还有电子银行所特有的风险,电子银行特有的风险包括安全性风险、技术风险、操作风险、信誉风险、法律风险和信用风险。潘艳红(2006)从电子银行的监管方面提出了政策建议。李成刚(2016)根据自组织数据挖掘算法筛选出西部地区城市商业银行电子银行的风险预警指标,构建了电子银行业务风险预警模型。

从现有实证研究来看,学者们对于电子银行与银行绩效之间的关系进行了一些探讨,但是对于电子银行对银行绩效的影响并没有一致的结论。Egland 等(1998)考察了开展电子银行业务对银行绩效的影响,并未发现开展电子银行业务与未开展电子银行业务的银行之间有显著的绩效差异。Sullivan(2000)和 Furst 等(2002)的研究结果也指出电子银行对银行绩效没有显著影响,他们的结论与 Egland 等(1998)是一致的。

然而 DeYoung 等（2007）研究了电子银行业务对美国社区银行绩效的影响，发现提供电子银行服务的银行可以通过增加存款业务的收入来提高社区银行的盈利能力。Hernando 和 Nieto（2007）利用西班牙商业银行的数据估计了电子银行对银行绩效的影响。他们的研究表明电子银行会逐渐降低银行的间接成本，而且在一年半后会显著影响银行绩效，提高银行的盈利能力。Ciciretti 等（2009）对意大利商业银行进行了考察，也发现电子银行与银行绩效之间存在显著的正向关系，电子银行与银行风险之间存在显著的负向关系。黄京华等（2008）运用修正过的电子商务关键成功因素模型，提出了中国电子银行成功因素的假设模型，识别出管理因素、技术因素和客户因素是中国电子银行成功的关键因素。戴代发等（2017）采用中国数据研究了电子银行与传统银行业务之间的关系，发现电子银行与传统银行在业务上是互补的关系，且电子银行引入两年后开始提升银行的盈利能力。

从理论上讲，电子银行渠道对银行利润的作用是通过对成本、利息收入和非利息收入的影响实现的。因此，电子银行业务的开通对银行利润的影响是不确定的。首先，电子银行对银行运营成本的影响是不确定的。一方面，电子银行渠道的交易成本远低于柜台交易的成本，而且电子银行可以削减银行的间接费用支出和其他相关成本（Hernando and Nieto，2007）。另一方面，电子银行渠道的建设需要较高的固定成本，并且会像间接费用一样平摊在几年之中。DeYoung 和 Duffy（2004）指出，电子银行业务不仅是一个技术问题，也是一个营销问题，因为银行需要大量的广告支出宣传自己的电子银行业务。另外，电子银行渠道需要高技能的计算机人员维护网站，这也会增加银行的人力成本（DeYoung et al.，2007）。

其次，电子银行业务对利息收入的影响也是不明确的。一方面，电子银行渠道会增加基于硬信息发放的贷款种类，如信用卡贷款（DeYoung et al.，2007）、汽车贷款和抵押贷款。另一方面，电子银行渠道会减少基于软信息发放的贷款（比如中小企业贷款）。而且由于电子银行贷款服务的成本下降，银行的贷款利率很可能会下降，导致利息收入减少。

最后,电子银行业务对非利息收入的作用也是不确定的。一方面,银行对提供的电子银行服务收取一定费用,进而提高非利息收入。一些现有文献也表明了电子银行与非利息收入之间的正向关系(Ciciretti et al.,2009;Onay and Ozsoz,2013)。另一方面,电子银行的开通也有可能降低银行传统服务的费用,造成非利息收入的降低。

电子银行还有可能影响银行的风险。电子银行的发展使银行传统的操作风险降低,但也带来了新的操作风险,如外部欺诈风险、计算机系统风险、内部失误风险和内部违规操作风险等(张衢,2007)。电子银行利用互联网技术渠道,提供了便利的电子化收支结算服务,大大提高了资金的流动性,很有可能导致银行的流动性危机(倪建明等,2001)。为了应对引入电子银行后可能带来的流动性危机和偿付风险,银行会调整自己的资本充足率、存款准备金率等指标。

尽管现有文献中已有对电子银行和银行绩效之间关系的研究,但大部分都是针对发达国家和地区的银行业,对于发展中国家和转轨经济国家银行业的研究却寥寥可数。本书采用中国银行业的数据,全面考察了电子银行对银行经营绩效和风险的影响,同时也探究了电子银行影响的异质性效果。本书的研究丰富了新兴经济体中电子银行的相关研究,能够为新兴经济体国家的电子银行业务与银行发展提供有价值的理论依据。

2.3 跨区域经营与银行绩效研究文献综述

从已有文献来看,商业银行的跨区域经营及其对商业银行收益风险所产生的影响,得到了业界和学术界的广泛关注。国内外学者对此进行了大量的研究(Hughes et al.,1999;Deng and Elyasiani,2008;Berger et al.,2010;Aguirregabiria et al.,2016;Goetz et al.,2016;范香梅等,2011;黄惠春等,2011;王擎等,2012;李广子,2014;周询等,2015;蔡卫星,2016;夏喆,2016;何东伟等,2017;张敏等,2018 等)。从现有文献发现,由于跨区域经营能够帮助银行分散风险、提高经营效率以及实现规模经济,许多银行开始设立异地分支机构,增加存款资金来源,拓宽业务规模(Lewellen,1971;Hughes and Mester,1998;Boot and Schmeits,2000)。张敏等(2018)从实证角度分析了政治资源对城市商业银行跨区域经营的影响,发现拥有政治资源的城市商业银行跨区域经营程度越高,且政治资源级别越高,对跨区域经营的推动作用越强,而较高的市场化程度会弱化政治资源对城商行跨区域经营的影响。跨区域经营不仅为银行带来收益也可能带来一定的成本和风险。商业银行跨区域经营的收益主要体现在规模经济、范围经济和分散风险等方面。银行通过在总部以外的地区设立分支机构实现跨区域经营,能够突破总部地区市场的规模限制,实现规模经济(Deng and Elyasiani,2008)。跨区域经营后,银行可以将其产品和服务应用到更大的市场中,分摊产品研发成本,获取协同收益,实现范围经济(王擎等,2012;蔡卫星,2016)。银行跨区域经营之后,能够进入新的市场,吸收到更多的存款,进而提升银行的收益率。Deng 和 Elyasiani(2008)分析了跨区域经营对美国银行控股公司(Bank Holding Company,BHC)企业价值的影响,发现跨区域经营能够提高银行控股公司的企业价值,在偏远地区进行跨区域经营也会带来显著的企业价值提升。Hughes 等(1999)和 Akhigbe 等(2003)通过对美国银行业的实证分析,发现跨地区经营的银行利润水平较高。

另外,跨区域经营的管理经验也有助于提升银行管理水平,提高银行价值,增加银行的利润(Saunders,1994;王擎等,2012;蔡卫星,2016)。周询等(2015)从"资源诅咒"假说出发,分析了自然资源禀赋对城商行跨区域经营的影响及其绩效。他们发现城商行在进行跨省经营时,往往选择污染较少的地区,但是在进行省内跨区域经营时则选择污染多、治理少的地方,表现出明显的环境资源驱动机制。他们的实证研究结果表明城商行进行跨区域经营的动机不仅仅在于提高银行收益,也是为了分散银行风险、降低成本。何东伟等(2017)分别考察了中小银行在省内跨区域经营和在省外跨区域经营对银行绩效的影响,他们发现中小银行在省内跨区域经营会带来银行利润效率、成本效率和利息收入效率的提高,在省外跨区域经营则会带来成本效率的提高,但会导致利润效率和利息收入效率的降低。李梦雨等(2016)实证研究发现跨区域经营能够提高城市商业银行的收益水平,并且银行的盈利能力随着同业业务所占比重的上升而提高。谢世清等(2019)对城市商业银行跨区域经营进行了探讨,发现在省内跨区域经营可以提高银行的资本充足率,在省外跨区域经营会降低银行的不良贷款率。

跨区域经营对银行风险也有着重要影响。一些学者认为,如果银行将所有业务集中在一个地区,当该地区的经济政策发生变化时,银行将存在较大的系统风险,而跨地区经营则可以在一定程度上规避这些风险,实现共同保险效应,减少收益波动性,进而降低系统风险(Lowellen,1971;Boot and Schmeits,2000;Akhigbe and Whyte,2003)。已有的许多国外实证研究文献表明跨区域经营可以起到分散风险的作用(Hughes et al.,1999;Akhigbe and Whyte,2003;Goetz et al.,2016;Meslier et al.,2016)。Meslier等(2016)发现对于小银行来说,只有州外的跨区域经营能够提高银行收益,降低违约风险;对于大银行来说,只有州外的跨区域经营能够降低违约风险。然而,基于国外银行业的实证研究并没有得到跨区域经营可以降低银行经营风险的一致结论,如Demsetz和Strahan(1997)以及Chong(1991)的研究发现跨区域经营的银行控股公司会持有更少的资本金,选择发放风险更高的贷款,导致银行的风险增加。国内的实证研究对跨区域经营和银行风险的关系并未形成较一致的结论。如范香梅等(2011)认为中小银行进行地域多元化经营会导致银行收益下降,对降低银行风险水平的作用并不明显。而王擎等(2012)的研究则表明跨区域经营能够有效分散风险,降低银行的风险水平。夏喆(2016)采用通径分析方法分析了城市商业银行治理风险传导的机理,发现城市商业银行的治理风险按照"风险源—行为选择—风险表现"的逻辑路径进行传递,并表现出十分复杂的网络化分布。通过实证分析,夏喆(2016)发现城商行的跨区域经营不仅能够提高自身的经营实力,获得更大的发展机会,同时也分散了银行的经营风险。李梦雨和魏熙晔(2016)分析了经济下行背景下跨区域经营对城市商业银行盈利能力和风险水平的影响,发现跨区域经营会增加城市商业银行的风险,但开展同业业务较多的城商行实施跨区域经营战略可以起到分散风险的作用。

跨区域经营也会影响银行的成本。从现有文献的研究结果来看,跨区域经营对银行成本的影响并没有形成一致的结论。一方面,银行进行跨区域经营后,面临着信息不对称、组织体系复杂等问题,很难对跨区域机构进行有效的管理和控制(Scharfstein and Stein,2000;Brickley et al.,2003;王擎等,2012)。Acharya 等(2006)和 Baele 等(2007)的研究都表明,跨区域经营带来的复杂组织架构和产品结构都会导致代理成本的增加,降低银行收益,加剧经营风险。蔡卫星(2016)的研究也发现由于跨区域经营往往伴随着更为复杂的产品结构和组织架构,跨区域经营程度的增加显著地提高了银行的运营成本。Brickley 等(2003)发现银行实施跨区域经营,一方面会弱化总部对异地分支机构的监管功能,增加银行的代理成本;另一方面,银行通过跨区域经营形成规模经济和协同效应,降低银行的经营成本。Campello(2002)发现跨区域经营的银行持股公司可以通过内部资金市场,统筹不同区域分支机构的资金,缓解外部金融市场带来的资金约束。另外,跨区域经营的银行可以实现集约化经营,通过各地分支机构的资源共享,改善优质项目流失的情况,降低银行的运行成本(曹凤岐,2006)。通过对美国银行控股公司的分析,Goetz 等(2016)也发现跨区域经营可以降低银行控股公司的成本。

跨区域经营还会提高银行的杠杆水平,增强银行追求风险的动机(Chong,1991;Demsetz and Strahan,1997)。Demsetz 和 Strahan(1997)通过对美国银行的研究发现,银行的异地分支机构迫于当地市场的竞争压力,发放了很多风险较高的贷款,有些还持有大量投机性衍生品。Aguirregabiria 等(2016)以 1994 年美国里格尔-尼尔(Riegle-Neal)法案为研究背景,考察了银行网络的跨区域经营风险。他们的研究结果表明,只有较大的银行跨区域经营的绩效比较好。有些银行并不愿意在离总部很远的地方进行扩张,一些比较大的银行虽然在其他地方进行扩张,但并不是为了降低地理风险,而是为了增加预期分支机构存款。

在跨区域经营与银行绩效的关系方面,银行异地分支机构与总部之间的距离是一个重要因素。银行总部与各地分支机构的距离越远,对分支机构的监管功能越弱,容易产生由距离导致的代理问题(Brickley et al.,2003;王擎等,2012;蔡卫星,2016)。国内外现有文献也表明,分支机构的效率会随着与总部距离的增加而降低,且距离越远,银行总部对异地分支机构的监管就越困难(Deng and Elyasiani,2008;Goetz et. al.,2013;李广子,2014)。跨区域经营也会通过影响管理层激励来降低银行的绩效。异地分支机构的管理层受到银行总部的诸多约束和限制,对银行的归属感较低,会给银行绩效带来负面影响(Brickley et al.,2003;Sullivan et al.,2007;王擎等,2012)。Meslier 等(2016)也发现当跨区域经营的范围扩大到一定程度会大大提高银行分支机构的代理成本,从而导致跨区域经营所带来的收益被代理成本引发的不利因素抵消。

2.4 银行效率研究文献综述

关于企业生产效率讨论的开创性工作来自 Farrell(1957)。Farrell 提出了估计前沿生产函数的可能性,将理论研究与实证研究联系了起来。Farrell 在 Koopmans(1951)和 Debreu(1951)的基础上,提出了一种多要素投入条件下企业生产效率的测度方法。Farrell 将经济效率分为两个部分:技术效率和分配效率。技术效率是指企业在给定的资源条件下获取最大可能产出的能力;分配效率是指企业通过调整投入比例使边际收益等于边际投入成本以获取最大收益的能力。在实际经营中,最有效率的企业生产函数往往并非已知,需要通过样本数据估计等效率曲线。Farrell 提出可以采用两种方法来估计生产函数曲线:一种是参数方法,使用柯布—道格拉斯(Cobb-Douglas)等函数形式的参数方程来拟合样本数据,使所有样本点都落在等效率曲线的左下方;另一种是非参数方法,构建非参数的线性分段等效率曲线,使所有的样本点都落在曲线的右上方。两种方法都存在一些缺点,大量的学者在 Farell 的基础上做了发展和改进(Aigner and Chu,1968;Afriat,1972;Richmond,1974;Aigner et al.,1977;Meeusen and van den Broeck,1977;Kumbhakar and Wang,2006;Kumbhakar et al.,2014;Parmeter et al.,2016;Djalilov and Piesse,2019)。

早期文献(Aigner and Chu,1968;Richmond,1974)在使用参数方法估计效率时,都是基于确定性的前沿函数,没有考虑噪声和测量误差对估计结果的影响。为了考虑噪声对效率估计的影响,Aigner 等(1977)与 Meeusen 等(1977)分别提出了一种带有随机干扰项的前沿生产函数估计方法——随机前沿分析(stochastic frontier analysis,SFA)方法。Aigner 等(1977)假定随机前沿生产函数满足 Cobb-Douglas 前沿函数形式,并将误差项分解为随机误差项和无效率项,且假定无效率项服从半正态分布,随机误差项服从标准正态分布。其函数形式为:

$$\ln(y_i) = F(X_i;\beta) + v_i - u_i$$

其中,y_i 为企业的前沿产出值,X_i 为企业的投入变量的向量,β 为待估参数向量,F 为生产函数形式(这里为 Cobb-Douglas 函数),u_i 是企业生产的无效率项,v_i 是随机扰动项。Aigner 等(1977)采用最大似然估计法估计模型的参数。进行随机前沿分析时,最常用的生产函数形式是 Cobb-Douglas 生产函数和 Translog 生产函数。由于 Cobb-Douglas 生产函数要求所有样本单元的规模报酬均相同,且 Translog 函数是 Cobb-Douglas 函数更一般的形式,因此具有普遍性。在随机前沿生产函数中,Berger 和 Mester(1997)、Berger 等(2009)用银行总资产对利润和其他产出变量进行标准化,在不同规模的银行间进行效率比较。

经过学者们大量而广泛的研究(Greene,1980;Jondrow et al.,1982;Bauer,1990;Atkinson and Primont,2002;Kumbhakar and Tsionas,2005a;Kumbhakar and Tsionas,2005b;Kumbhakar and Wang,2006;Kumbhakar et al.,2014;Parmeter et al.,2016 等),一系列随机前沿分析估计模型和方法被提出,可以用在不同的数据结构和环

境中。在估计生产效率时所使用的生产函数包括 Cobb-Douglas 生产函数、广义生产函数、超越生产函数、Translog 生产函数等函数形式。同时,根据不同的数据结构,学者们发展出了估计生产前沿、成本前沿和利润前沿的横截面数据单方程方法、横截面数据系统模型方法以及面板数据单方程方法(Kumbhakar et al.,2015)。学者们发展的大量随机前沿分析方法为不同情况下精确地估计效率提供了很多的选择,带来了十分有益的帮助。

随着随机前沿分析方法的发展,前沿分析的另一个分支——非参数方法也有了很大的发展。其中,数据包络分析(data envelopment analysis, DEA)作为一种非参数的线性规划方法得到了广泛关注和应用。数据包络分析是一种数据驱动的分析方法,由于其并不要求具体的生产函数形式,而是根据实际的生产边界判断每个决策单位的技术效率,因而已经成为经济、管理和决策分析等领域的一个重要方法。近年来,数据包络分析方法更多地应用在经济增长的分解方面(Färe et al.,1994; Kumar and Russell,2002)。

国内外关于银行效率问题的研究非常之多,但是研究的对象主要是欧美等发达国家。在关于发达国家银行效率的研究文献中,学者们的关注点主要集中在市场结构、银行管制、并购以及外资银行进入对银行绩效的影响等方面(姚树洁等,2011)。市场结构与银行绩效的相关假说,如结构—行为—绩效假说、相对市场势力假说、X-效率有效结构假说以及规模效率有效结构假说得到了广泛的研究和检验(Berger,1995)。然而,这些研究并未形成一致的结论。Berger 和 Humphrey(1997)认为,研究结果的差异主要是因为不同国家在放松管制前的产业条件以及放松管制所使用的措施不尽相同。

关于中国银行业效率的相关研究也得到了国内外学者的关注,运用不同的方法估计了中国银行业的效率指标,考察了银行治理结构、私有化、多元化经营、地理扩张等对银行效率的影响(张健华,2003;姚树洁等,2004; Fu and Heffernan,2007; Berger et al.,2009; Berger et al.,2010; Jiang et al.,2009; Sun et al.,2013;姚树洁等,2013;刘惠好等,

2014；何东伟等，2017）。随机前沿方法不仅考虑了确定性模型的噪声影响问题，同时还可以进行标准差的估计和检验，得到了银行效率文献的广泛应用。姚树洁等（2004）采用随机前沿分析研究了所有制结构和硬预算约束对中国银行业效率的影响。王聪和谭政勋（2007）通过随机前沿分析方法测算了中国商业银行的利润效率、规模效率和范围效率，以及各效率的动态变化，并考察了宏观因素、产权制度和市场结构对银行效率的影响程度和影响机制。姚树洁等（2011）采用单阶段随机前沿分析方法测算了中国银行业的成本效率和利润效率，并且对所有制效应、治理结构变化的选择效应和动态效应进行了分析，发现利润效率指标能够更好地反映中国银行业的绩效水平。Berger 等（2009）考察了银行所有权结构对中国银行效率的影响，发现外资少量持股可以显著提高银行的经营效率。Berger 等（2010）则分别研究了银行贷款多元化、存款多元化、资产多元化和地理多元化对中国银行业效率的影响，发现四个方面的多元化经营会带来银行利润的下降以及成本的增加。Ariss（2010）研究了不同的市场势力对发展中国家及地区银行效率以及稳定性的影响，Ariss 发现银行市场势力的增加会提高银行的稳定性，增强利润效率，但是会导致成本效率的降低。Sun 等（2013）在区域经济发展的背景下考察了战略投资者对中国城市商业银行效率的影响，发现战略投资者能够显著地提高城市商业银行的效率。通过分析战略引资和 IPO 对商业银行效率的影响，毛洪涛等（2013）发现战略引资和 IPO 有着明显的选择效应，境外战略投资者的引入会降低引资银行的效率，而 IPO 则短期内可提高银行效率，长期则导致银行效率的降低。郭晔等（2020）探讨了不同类型战略投资者对中国城市商业银行效率影响的差异，并考察了战略投资者影响银行效率的渠道。与毛洪涛等的结论不同，郭晔等的实证研究结果表明，引入战略投资者能够显著提高中国商业银行的效率，境内金融机构战略投资者是商业银行战略引资时的最优选择，其次是境内非金融机构战略投资者，最后是境外战略投资者。另外，郭晔等还发现，战略投资者尤其是境内金融机构战略投资者可以通过"引制"和"引智"的渠道促进商业银行效率的提升。封思贤等（2019）

使用随机前沿分析方法测算了风险调整后的银行效率,研究了数字金融对中国银行竞争和银行效率的影响。胡建辉等(2020)采用随机前沿分析方法测算了 30 家商业银行的成本效率,从实证角度分析了存款市场约束对商业银行成本效率的影响。他们发现,公司活期存款占比的上升有利于提高银行成本效率,个人定期存款和活期存款占比的增加都能提高银行的成本效率。

但是,随机前沿分析方法也受到了一些批评,主要集中在对随机前沿函数形式和误差项分布假设的质疑。国内也有一些文献采用数据包络分析方法估算中国银行业的效率(张健华,2003;郭妍,2005;郑录军等,2005)。但是在对转轨经济体和发展中国家的研究中,随机前沿方法将误差项分解为随机误差项和无效率项比非参数方法更为合适,因为发展中国家的测量误差和经济环境不确定性问题更为突出(Fries and Taci,2005)。因此,越来越多的文献运用随机前沿方法测算中国银行业的效率(姚树洁等,2004;王聪等,2007;姚树洁等,2011;何东伟等,2017)。

2.5 国内外文献评述

通过梳理现有国内外文献可以发现,现有文献提出了一系列理论解释了银行进行技术革新和渠道创新的影响因素以及开通电子银行的动机。梳理电子银行和跨区域经营对银行绩效影响的相关研究,可以为本书的研究提供理论基础。关于银行效率问题的实证研究方法和思路也为本书的研究带来一定的启发。

国内关于电子银行与银行绩效关系的研究大多还停留在理论分析和描述性定性分析阶段,且往往都是从宏观的角度加以分析,运用银行微观数据和定量分析方法从微观角度考察电子银行作用的研究还比较少。而微观视角的实证研究能够更全面地认识和分析中国银行业在移动互联时代的发展与变革,为我国银行业的未来发展提供有力的政策建议。

虽然关于银行跨区域经营的文献已有不少，但是大多数研究并没有考虑电子银行渠道对银行跨区域经营的影响。2009 年中国银监会发布了《关于中小商业银行分支机构市场准入政策的调整意见（试行）》，放松了股份制银行和城市商业银行异地设立分支机构的限制。因此，在研究银行跨区域经营与银行绩效问题时，必须将政策因素和电子银行渠道的采用结合起来，才能更为准确和详细地刻画中国银行业的发展脉络和方向，而这些正是本书研究的出发点和着眼点。

第 3 章 　银行开展电子银行业务的影响因素： 理论与实证

前两章对本书的研究意义进行了阐述，对相关概念进行了界定，并从四个方面详细论述了现有文献的进展。本章将着重从理论和实证上探讨银行开展电子银行业务的影响因素，以期获得银行渠道创新的动机。

信息技术的蓬勃发展不仅带来了新兴行业的出现，也使传统行业的商业模式发生巨大改变。在当今移动互联时代，几乎世界上所有的银行都开始为客户提供电子银行业务，通过互联网更快速和便捷地服务客户。根据 Furst 等（2002）的定义，电子银行是指运用互联网远程提供银行服务的一种业务，电子银行不仅能提供传统银行服务，如开通账户、转账等，还能提供一些新的银行业务，如网上支付、网上核对账单等。电子银行打破了银行服务的地理限制，允许客户全天候、即时、快速地使用银行服务。

一些学者认为，银行之所以开通电子银行业务主要是出于成本考虑。电子银行业务能够减少实体机构的设立进而降低运营成本（Hernando and Nieto，2007）。相较于传统的银行渠道，电子银行在许多业务上（如转账、存款和抵押贷款）的单位成本要低很多。因此，电子银行也被视作一种可以替代银行实体网点的渠道创新。一些学者认为，电子银行可以成为银行的利润中心，因为电子银行可以提高银行服务的整体价值，并可以向客户收取增值服务费用来产生收入（DeYoung et al.，2007）。从这个角度来看，电子银行与实体网点之间的关系是互补的，一起为客户提供各种不同的服务组合。另外，也有一些学者认为对一些中小银行来说，提供电子银行服务只是银行的一种防御策略。当竞争对手提供电子银行服务时，如果自己不提供，那些希望使用电子银行服务的客户会转向竞争对手（DeYoung and Duffy，2004）。

　　尽管开通电子银行服务能够带来许多明显好处，但并非所有的银行都适合开通电子银行。电子银行的开通会增加银行贷款和股票价格的波动，带来更高的运营风险（Hasan，2002；Ciciretti et al.，2009），减少银行的利润。对于一些小银行而言，电子银行因为相对较高的维护成本，成为银行的成本中心（DeYoung et al.，2007）。尽管电子银行服务的单位成本远低于传统的实体网点，小银行却可能因为客户数量太少，无法将电子银行的规模经济发挥出来。

　　本章旨在基于中国银行业的数据，分别从理论和实证的角度考察电子银行采用的决定因素。在过去的 40 多年中，中国经济经历了快速的发展。作为世界上最大的转型国家和新兴经济体，中国的法律和金融体系还不太健全，甚至和一些发展中国家相比也还有一些差距。随着移动互联时代的到来，中国银行业开始充分利用互联网的优势，提供多元化的电子银行服务（如手机银行、微信银行），抢占市场先机。然而，基于不同市场竞争策略考量，各银行并不是同时开通电子银行服务的。理解和考察电子银行采用的决定因素，无论对于学者还是政策制定者而言都是非常重要的，可以更好地促进中国银行业发展。

　　本章首先提出了一个简单的理论模型以考察银行开展电子银行业务的决策过程。通过刻画大银行与小银行在电子银行服务市场上的竞争模型，我们发现大银行由于能够在更大的市场上分摊电子银行的固定成本，会较早地开通电子银行服务。在需求侧，我们假设代表性消费者既希望得到电子银行服务，也希望在实体网点得到服务。通过假设电子银行具有规模经济和较高需求价格弹性的特点，本章模型表明，银行开通电子银行的决策受到竞争对手决策的影响。另外，该模型也发现电子银行与实体网点之间存在替代关系。

　　为了检验理论模型的推论，本章运用手动搜集的中国电子银行数据进行了检验。实证结果表明，大银行比中小银行更早开通电子银行服务，银行的决策受到市场中竞争对手的影响。实证研究也发现了电子银行与实体网点之间的替代关系。银行在开通电子银行服务后，往往会减少实体网点数量或降低实体网点的密度。本章的理论模型还进行了一系列的稳健性检验,再次证明了理论模型的结论。

本章的研究对新技术采用文献的贡献主要体现在三个方面:第一,本章的理论模型考虑了大银行与小银行在市场中的竞争以及竞争对手对银行决策的影响;第二,据笔者所知,本章是第一次基于中国背景考察电子银行采用决策的文献;第三,在实证分析中,本章考虑到手机银行、微信银行在中国的广泛使用,构造了电子银行的多种指标进行更全面的考察。

3.1 中国电子银行业务发展概述

在过去的几十年中,中国的银行业经历了几次重要的体制变革。改革开放以前,中国只有一家银行——中国人民银行,同时承担商业银行和中央银行的作用。改革开放后,国家将中国人民银行的商业银行功能分离出去,依次设立了中国农业银行、中国银行、中国建设银行和中国工商银行四家国有大型银行。四大国有银行设立伊始只能向特定部门开展信贷业务,直到 20 世纪 90 年代中期,才放开业务限制。1995 年,国家颁布《中华人民共和国中国人民银行法》和《中华人民共和国商业银行法》,规范了商业银行的权利和义务、业务范围,为银行的发展提供了法律保障。

为了深化银行业体制改革,中国政府又设立了一些股份制银行,如交通银行、招商银行、中信银行等。由于国有银行承担了大量的国有企业政策贷款,四大国有银行的资产质量不断恶化。为了剥离四大国有银行的不良贷款,政府在 1994 年设立了国家开发银行、中国进出口银行和中国农业发展银行三家政策性银行,承接四大国有银行的政策性贷款任务。

除了大型国有银行和股份制银行,中国还存在着为数众多的城市商业银行和农村商业银行。城商行和农商行的前身分别是城市信用合作社与农村信用合作社。国家为了解决城市信用合作社和农村信用合作社不良贷款过高的问题,允许其合并重组为股份制商业银行。城商行和农商行的股东主要是地方政府、集体所有制企业、民营企业和信用合作社以前的股东。1992 年，为了发展社会主义市场经济，中国政府放松了外资银行的市场进入限制。外资银行在向银行监管机构个别申报后，可以在中国 23 个城市设立代表处或分支机构。1996 后，具有个体牌照的外资银行可以向中国企业吸收本币存款和发放本币贷款。

本章实证部分将样本银行分为四大类：四大国有银行、股份制银行、城市商业银行和农村商业银行。由于外资银行和政策性银行的经营范围和经营模式与上述四类商业银行差别太大，本章的样本中并未包括这两类银行。

随着信息技术的发展，中国银行业发生了巨大的变化，电子银行成为大多数银行一项重要的业务。自 1997 年招商银行开通中国第一家电子银行以来，越来越多的银行开始提供电子银行服务。虽然电子银行在中国的出现晚于西方发达国家，但是却得到了非常迅速的发展。目前，所有的大型银行和绝大多数中小银行都已经开通电子银行。电子银行在中国有几个明显的特点：一是企业电子银行的交易金额高于个人电子银行；二是中国大部分电子银行用户都是年轻人和受过高等教育的人群，他们使用电子银行的主要目的是购物和娱乐（Yuan et al.，2010）；三是电子银行在中国的发展有明显的地区差异。

图 3－1 显示了 2002—2016 年各年开通电子银行服务的银行数量。从图中可以看出，截至 2007 年只有 31 家银行开通电子银行服务，其中有 4 家国有银行、12 家股份制银行、12 家城商行和 3 家农商行。2007年之后，开通电子银行服务的银行数量迅速增加。截至 2016 年，共有125 家银行提供电子银行服务（4 家国有银行、13 家股份制银行、84 家城商行和 24 家农商行）。

图 3－2 显示了 2002—2016 年各年开通电子银行服务的银行占样本中该类型银行的比例情况。可以看出，四大行在 2002 年之前就已经开通了电子银行业务。股份制银行也很早开通了电子银行业务，2002 年，有69％的股份制银行开通了电子银行服务，2010 年以后所有的股份制银行都开通了电子银行。城市商业银行和农村商业银行开通电子银行业务的比例分别从 2002 年的 1％和 3％提高到 2016 年的 93％和 71％。

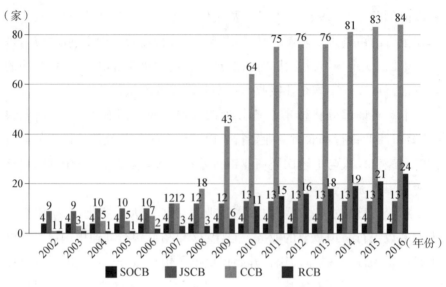

图3-1 各年开通电子银行服务的银行数量

注：SOCB、JSCB、CCB和RCB分别表示大型国有银行、股份制银行、城市商业银行和农村商业银行。

资料来源：根据公开数据绘制。

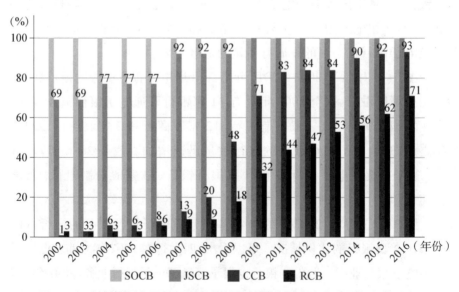

图3-2 各年开通电子银行服务的银行数量占样本中该类型银行的比例

注：SOCB、JSCB、CCB和RCB分别表示大型国有银行、股份制银行、城市商业银行和农村商业银行。

资料来源：根据公开数据绘制。

3.2　银行开展电子银行业务的理论分析

本节首先比较全国性大银行与地区性小银行开通电子银行的策略，然后假定电子银行与实体网点既可能存在替代关系也可能存在互补关系，考察银行开通电子银行的决策行为，并且假设一国内存在许多区域性市场。在区域市场 m 中有两家银行在提供电子银行服务方面存在竞争：一家区域性小银行 i^m 和全国性银行 j。全国性银行 j 在全国范围内的区域性市场中都有相关业务。借鉴 Courchane 等（2002）的思路，假设电子银行服务存在向下倾斜的逆需求曲线 $p_o^m = \alpha_o^m - \beta_o^m (q_{i^m o}^m + q_{jo}^m)$。银行 j 在市场 m 中通过提供电子银行服务所得到的收益为

$$R_{jo}^m = \begin{cases} q_{jo}^m [\alpha_o^m - \beta_o^m (q_{i^m o}^m + q_{jo}^m)], if q_{jo}^m > 0 \\ 0, if q_{jo}^m = 0 \end{cases} \tag{3-1}$$

银行 j 在全国市场上获得的总收益为

$$\pi_{jo} = \max \left\{ \max_{q_{jo}^m \geq 0} \sum_m R_{jo}^m - C_{jo}, 0 \right\} \tag{3-2}$$

地区性银行 i^m 在市场 m 上通过提供电子银行服务所获得收益为

$$\pi_{io}^m = \max \left\{ \max_{q_{i^m o}^m \geq 0} q_{i^m o}^m [\alpha_o^m - \beta_o^m (q_{i^m o}^m + q_{jo}^m)] - C_{io}, 0 \right\} \tag{3-3}$$

其中 C_{io} 和 C_{jo} 分别是银行 i^m 和 j 开通电子银行服务的固定成本。

为了简化起见，我们假设所有的区域性市场都是一样的，即需求函数中 $\alpha_o^m = \alpha_o$ 和 $\beta_o^m = \beta_o$ 对所有区域性市场 m 都成立。假设银行 j 是唯一的全国性银行，在每个区域性市场中只有一家小银行 i^m。所有银行开通电子银行所用到的技术都是一样的，即 $C_{io} = C_{jo} = C_o$。考虑到市场结构的对称性，所有市场 m 中小银行 i^m 和大银行 j 的策略是一样，即 $q_{i^m o}^m = q_{i^{m'} o}^{m'} = q_{io}$；$q_{jo}^m = q_{jo}^{m'} = q_{jo}$。因此，可以得到大银行 j 的利润最大化方程：

$$\pi_{jo} = N\max\left\{\max_{q_{jo}\geq 0} q_{jo}[\alpha_o - \beta_o(q_{io} + q_{jo})] - \frac{C_o}{N}, 0\right\} \qquad (3-4)$$

其中 N 是全国区域性市场的数量。区域性小银行的 i 的利润最大化方程为：

$$\pi_{io} = \max\left\{\max_{q_{io}\geq 0} q_{io}[\alpha_o - \beta_o(q_{io} + q_{jo})] - C_o, 0\right\} \qquad (3-5)$$

在每个区域性市场 m 中，大银行 j 和小银行 i 提供电子银行服务的成本是不同的。大银行 j 的固定成本被平均地分摊到 N 个区域性市场中，在市场 m 中的成本为 C_o/N，小于小银行 i 的固定成本 C_o。

在模型中，α_o 和 β_o 表征了电子银行服务的需求潜力。我们假设 α_o 随着时间的增长而增加，β_o 保持不变。当 α_o 非常小时，电子银行的需求很少，银行提供网上服务所得到的收益不足以弥补电子银行的运营成本。α_o 的提高将会带来最优电子银行服务供给的增加，提供电子银行服务的最优收益将会首先超过大银行 j 的成本 C_o/N，然后超过小银行 i 的成本 C_o。因此，大银行会先于小银行开展电子银行业务。当 $\alpha_o \geq 2\sqrt{\beta_o C_o/N}$ 时，大银行 j 将会提供 $\alpha_o/(2\beta_o)$ 数量的服务，成为斯塔克伯格竞争领导者。作为跟从者，小银行 i 会一直等待，直到预期的收益能够超过电子银行的开通成本。当 $\alpha_o \geq 4\sqrt{\beta C_o}$ 时，小银行 i 将会提供 $\alpha_o/(4\beta_o)$ 的电子银行服务。最后，两个银行将会开始古诺竞争，分别提供 $\alpha_o/(3\beta_o)$ 数量的电子银行服务，市场 m 达到均衡。根据我们的模型，大银行会比小银行更早地开通电子银行，因为大银行能够在全国的市场上分摊开通电子银行的固定成本，在竞争中取得先发优势。区域小银行会在客户对电子银行的需求足够大的时候才会开通电子银行，与大银行进行竞争。

假设市场上对电子银行的需求是固定的，即 α_o 为常数，分析小银行 i 和大银行 j 在区域性市场上的竞争。当所有的银行都开展电子银行业务时，银行间的竞争就变为通过提供差异化的电子银行服务吸引竞争对手的客户。银行会同时提供电子银行服务和实体网点服务，客户也会希望得到两种服务。假设代表性客户对银行服务的总需求为 q，需求函数为常数替代弹性函数：

$$q = \left(\gamma_i q_i^{\frac{\lambda-1}{\lambda}} + \gamma_j q_j^{\frac{\lambda-1}{\lambda}} \right)^{\frac{\lambda}{\lambda-1}} \qquad (3-6)$$

其中，λ 为银行的价格弹性，γ_i 和 γ_j 为客户对银行 i 和银行 j 的偏好参数。客户对每个银行电子银行服务和实体网点服务的需求函数也是一个常数替代函数：

$$q_n = \left(\gamma_\text{o} q_{no}^{\frac{\sigma-1}{\sigma}} + \gamma_\text{b} q_{nb}^{\frac{\sigma-1}{\sigma}} \right)^{\frac{\sigma}{\sigma-1}} \qquad (3-7)$$

其中，$n = i$ 或 j，σ 为电子银行服务与实体网点之间的价格弹性，γ_o 和 γ_b 分别是电子银行和实体网点的偏好参数。客户可以有 B 的预算向两家银行购买电子银行服务和实体网点服务。因此，客户对每家银行的需求为

$$q_n = \left(\frac{\gamma_n}{p_n} \right)^{\lambda} \frac{B}{\gamma_i^\lambda p_i^{1-\lambda} + \gamma_j^\lambda p_j^{1-\lambda}}, n = i, j \qquad (3-8)$$

客户对每家银行两种服务的需求为

$$q_{ns} = \left(\frac{\gamma_s}{p_{ns}} \right)^{\sigma} \frac{B}{\gamma_\text{o}^\sigma p_{no}^{1-\sigma} + \gamma_\text{b}^\sigma p_{nb}^{1-\sigma}} \frac{\gamma_n^\lambda p_n^{1-\lambda}}{\gamma_i^\lambda p_i^{1-\lambda} + \gamma_j^\lambda p_j^{1-\lambda}} B \qquad (3-9)$$

其中，$n = i, j, s = \text{o}, \text{b}$，$p_{io}$ 和 p_{ib} 为银行 i 分别对电子银行服务和实体网点服务设定的价格，p_{jo} 和 p_{jb} 为银行 j 对电子银行服务和实体网点服务设定的价格。银行服务的整体价格为

$$p_n = \left(\gamma_\text{o}^\sigma p_{no}^{1-\sigma} + \gamma_\text{b}^\sigma p_{nb}^{1-\sigma} \right)^{\frac{1}{1-\sigma}}, n = i, j \qquad (3-10)$$

小银行 i 的利润为

$$\pi_i = q_{io} p_{io} + q_{ib} p_{ib} - C_{io}(p_{io}) - c_{ib} q_{ib} \qquad (3-11)$$

其中，c_{ib} 是实体银行的单位成本，$C_{io}(p_{io})$ 为开通电子银行及维护电子

银行的成本,因为电子银行具有规模经济的特点,$C_{io}(p_{io})$满足$C_{io}'$$(p_{io}) < 0$和$C_{io}''(p_{io}) < 0$。我们进一步假设,$\gamma_o = \gamma_b = \gamma_i = \gamma_j = 1, \sigma = \lambda \gg 1$;客户对电子银行服务和实体网点服务的偏好是一样的,对小银行i和大银行j的偏好也是一样的;电子银行与实体网点可以相互替代,大银行与小银行也可以相互替代。这些假设会简化模型,但不会影响模型的结论。由于需求函数是常数替代弹性的,因此小银行i的利润可以变形为

$$\pi_i = \frac{p_{io}^{1-\sigma} + (p_{ib} - c_{ib})p_{ib}^{-\sigma}}{p_{io}^{1-\sigma} + p_{ib}^{1-\sigma} + p_j^{1-\sigma}}B - C_{io}(p_{io}) \tag{3-12}$$

考虑小银行i的定价策略,由利润最大化的一阶条件可以得到

$$\frac{C_{io}'(p_{io})p_{io}^{\sigma}}{(1-\sigma)} = \frac{(p_j^{1-\sigma} + c_{ib}p_{ib}^{-\sigma})}{(p_{io}^{1-\sigma} + p_{ib}^{1-\sigma} + p_j^{1-\sigma})^2}B \tag{3-13}$$

$$p_j^{1-\sigma} = \frac{c_{ib}p_{ib}^{1-\sigma} + \sigma c_{ib}p_{io}^{1-\sigma}}{(\sigma-1)p_{ib} - \sigma c_{ib}} \tag{3-14}$$

方程(3-13)表明,电子银行成本的价格弹性小于$\sigma - 1$,方程(3-13)左侧的移动方向与p_{io}^{σ}一致。因此,p_j的下降会带来p_{io}的下降。方程(3-14)揭示了p_{ib}和p_j之间的正向关系,即随着大银行j价格的下降,小银行i实体网点服务的价格也会下降。保持大银行j的价格p_j不变,可以发现两个现象:第一,小银行经营实体网点的成本c_{ib}越高,小银行提供电子银行服务的价格p_{io}和实体网点服务的价格p_{ib}也越高。小银行i将会提供更少的电子银行服务和实体网点服务。第二,小银行i电子银行服务价格p_{io}的下降会导致其实体网点服务价格p_{ib}的上升。

从上面的比较静态模型分析中可以看出,银行通过价格竞争抢占电子银行业务的市场份额,电子银行渠道与实体网点渠道之间存在着替代关系。如果竞争对手通过降低电子银行服务的价格争取市场,银行会加入抢占市场的价格战之中,否则,银行将会损失巨大的市场份额。模型中假设电子银行服务和实体网点服务可以相互替代,该假设可以让银行根据成本和竞争优势灵活调整电子银行服务和实体网点服务的供给数量。

3.3　数据与实证研究方法

本节首先介绍本章的数据样本和实证研究中所采用的估计方法，然后详细介绍被解释变量和主要的解释变量。

3.3.1　数据和样本描述

本章所采用的数据包括了中国国内 141 家银行 2002—2016 年的年度数据，其中包括 4 家国有商业银行、13 家股份制银行、90 家城市商业银行和 34 家农村商业银行。主要的数据来源为 Bankscope 全球银行数据库、国家统计局、银行各年份年报以及中国银行业监督管理委员会[①]网站。数据中，表征银行开通网上银行服务的两个变量通过网站手动搜集。由于银行的电子银行服务中，网上银行是最基础的服务，而且网上银行的发展贯穿了整个样本区间，本章主要采用网上银行数据进行探讨。此外，本章也考察了手机银行和微信银行等服务。

表 3-1 显示了本章数据的描述性统计结果。变量 IB 是重点关注的变量，银行开通网上银行前取值为 0，银行开通网上银行后取值为 1。变量 size 为银行总资产的对数值，branch_density 是银行的分支机构密度，等于银行分支机构数除以银行总资产。银行层面的变量包括资产回报率（ROA）、不良贷款率（NPL）、贷款资产比（loanasset）、非利息支出与总支出之比（nintexpratio）以及银行分支机构所在城市数量的对数（citynum）。

为了测算市场中银行对网上银行业务的竞争情况，本章借鉴 Hernandez-Murillo 等（2010）的方法，构造了一个多市场联系指数（multimarket contact index，MMC 指数）。银行在竞争中会通过谨慎地

---

① 2018 年 3 月，第十三届全国人民代表大会第一次会议表决通过了关于国务院机构改革方案的决定，将中国银行业监督管理委员会和中国保险监督管理委员会的职责整合，组建了中国银行保险监督管理委员会；将中国银行业监督管理委员会拟定银行业、保险业重要法律法规的职责划入中国人民银行，不再保留中国银行业监督管理委员会。

选择跨区域经营的地区,取得市场中的竞争优势。MMC 指数可以衡量一个市场中网上银行业务的竞争强度。借鉴 Hernandez-Murillo 等的思路,MMC 指数可以表示为

$$\text{MMC}_i = \sum_{s \in M_i} \frac{\text{branch}_{is}}{\sum_{r \in M_i} \text{branch}_{ir}} \times \sum_{j \in B_s} I_j \frac{\text{branch}_{js}}{\sum_{k \in B_s} \text{branch}_{ks}}$$

$$(3-15)$$

其中,M_i 是银行 i 在具有分支机构的市场的集合,B_s 是市场 s 中所拥有的银行的集合。branch_{is} 是银行 i 在市场 s 中的分支机构数量,I_j 是一个示性函数,若银行 j 已经开通网银取值为 1,若未开通网银则取值为 0。MMC 指数也可以理解为银行的竞争对手在其所有市场中所占的市场份额。为了衡量银行实体网点竞争的强度,本书采用银行在各城市的网点数量占比作为市场占有率,构造了赫芬达尔—赫希曼指数(HHI)。一家银行在市场中的份额是其分支机构数量与市场中银行网点总数的比值。在本书中,我们以地级市为单位作为银行的区域性市场。

表 3-1　各变量的描述性统计

变量	变量定义	观测值	均值	最小值	最大值	标准差
IB	是否开通网银	1 008	0.758	0	1	0.429
EB	电子渠道的数量	1 008	1.369	0	3	1.077
size	总资产的对数	1 008	7.354	3.554	12.374	1.733
branch_density	分支机构密度	1 008	0.106	0.008	0.884	0.089
ROA	资产回报率	1 008	0.013	-0.015	0.037	0.006
NPL	不良贷款率	1 008	0.019	0.000	0.419	0.030
loanasset	负债比率	1 008	0.479	0.049	3.558	0.165
nintexpratio	非利息支出比率	1 008	0.346	0.002	0.873	0.107
nintincratio	非利息收入比率	1 008	0.079	-0.337	1.000	0.088
citynum	城市数量的对数	1 008	1.965	0	5.832	1.502

（续表）

变量	变量定义	观测值	均值	最小值	最大值	标准差
MMC	多市场接触指数	1 008	0.832	0.378	0.996	0.137
HHI	赫芬达尔—赫希曼指数	1 008	0.186	0.074	0.606	0.073
lnperinc	人均收入的对数	1 008	10.017	8.784	10.902	0.356
lnpop	人口的对数	1 008	6.384	4.561	8.129	0.683
internet	互联网获得性	1 008	0.439	0.047	0.778	0.168
edu	大学毕业生所占比例	1 008	0.143	0.033	0.455	0.088
age	15～65 岁人口所占比例	1 008	0.754	0.573	0.839	0.080

注：价格变量以 2002 年为基期使用 CPI 进行了通货膨胀调整。总资产的单位为百万元人民币。

另外，实证模型中加入了一些城市层面的控制变量作为市场特征的代理变量。这些变量包括银行总部城市人均收入的对数（lnperinc）、人口数量的对数（lnpop）、互联网网民占总人口比例（internet）、大学毕业生占总人口的比例（edu）、年龄为 16～65 岁的人口占总人口的比例（age）等。

3.3.2　实证模型

为了估计网上银行开通的影响因素，实证模型的设定如下：

$$y_{it}^* = \alpha + \beta X_{it} + \gamma W_{it} + \theta \mathrm{MMC}_{it} + \varepsilon_{it} \tag{3-16}$$

其中，y_{it}^* 是银行通过提供网上银行服务所得到的效用。在现实中，我们无法观测到潜变量 y_{it}^*，只能观测到银行是否开通网上银行的变量 y_{it}。在本模型中，若银行 i 开通了网银，y_{it} 的取值为 1，若银行 i 未开通网银，则取值为 0。借鉴现有文献（Courchane et al.，2002；Hernandez-Murillo et al.，2010；Dandapani et al.，2018）的思路，本书运用 Logit 模型估计网上银行采用的影响因素，Logit 模型设定如下：

$$y_{it} = \frac{\exp(\alpha + \beta X_{it} + \gamma W_{it} + \theta MMC_{it})}{1 + \exp(\alpha + \beta X_{it} + \gamma W_{it} + \theta MMC_{it})} \qquad (3-17)$$

在方程(3-16)和(3-17)中，X 是一系列银行层面的控制变量，包括 size、branch_density、citynum、ROA、NPL、loanasset、nintexpratio、nintincratio 等；W 是一系列市场层面的控制变量，包括 lnperinc、lnpop、internet、edu 和 age；ε_{it} 是随机误差项。其中，变量 citynum、branch_density 和 MMC 可以用来检验理论模型中的结论。正如理论模型所指出的那样，在更多市场有分支机构的银行在提供网银服务上有比较优势，因为银行可以将开通网银的固定成本分摊到更多的市场中。如果理论模型的结论成立，则实证结果中 citynum 对网上银行的采用有正向的作用。变量 branch_density 可用来检验网上银行渠道与实体网点渠道之间是互补关系还是替代关系。由于大银行和小银行跨区域经营的程度不同，在网点数量上的差距也很悬殊，网点数量指标无法体现不同规模的银行对实体网点渠道的依赖程度，而 branch_density 衡量了银行实体网点的分布密度，比网点数量更能体现实体网点渠道对网上银行渠道的作用。理论模型的另外一个重要的发现认为，市场上网上银行业务的竞争越激烈，银行越有可能提供网上银行服务。实证中的变量 MMC 可以用来检验竞争对手开通网银的决策是否影响银行开通网银的决策。如果 MMC 的系数为正，则说明如果竞争对手开通了网银，那么银行有更大的动机开通网上银行。

本节的模型中包含了 size，是因为资产规模更大的银行开通网上银行更容易获得较高的利润（Hughes and Mester，2013）。模型中还加入了 ROA、NPL、loanasset、loanasset、nintexpratio、nintincratio 等变量，因为银行的财务状况也可能影响开通网上银行的决策，财务状况良好（如高资产回报率和低不良贷款率）的银行更希望开通网上银行，也有更强的能力承担开通网上银行的风险。如果维护网上银行的成本很高，只有财务状况良好的银行才更有能力开通网银服务（Dandapani et al.，2018）。Hernandez-Murillo 等（2010）也发现美国商业银行开通网上银行的可能性与不良贷款率呈负相关关系。

另外,社会经济状况,如人均收入、人口、互联网发展情况等,也可能影响银行开展网上银行业务的决策。总部设在经济发展较好、人口众多、互联网发展状况较好的城市的银行有更大可能性开展网银业务。由于一个地区的教育程度和人口年龄分布也会影响网上银行的发展(Yuan et al. , 2010),本章模型中也加入了 edu 和 age 作为控制变量。

3. 4　实证结果

本节首先分析了影响网上银行采用的决定因素,并进行了一系列的稳健性检验,然后检验了网上银行渠道与实体网点渠道之间的关系。

3. 4. 1　基准结果分析

表 3 - 2 汇总了不同模型设定基准回归的结果。其中,列(1)的模型仅包含银行层面的控制变量和 MMC 指数,列(2)的模型包括了银行层面的控制变量、MMC 指数和时间固定效应,列(3)的模型包括了银行层面和市场层面的控制变量以及时间固定效应,列(4)的模型包括了银行层面和市场层面的控制变量、时间固定效应和银行类型固定效应。列(5)~(8)汇总了模型的平均边际效应。

根据表 3 - 2 的结果,银行层面变量的作用在四种不同设定中是类似的。其中,size 的系数显著为正,与现有文献的结果是一致的(Hernandez-Murillo et al. , 2010;Dandapani et al. , 2018)。由于开通网上银行的成本并不随着银行规模的扩大而成比例增加,规模更大的银行往往可以从网上银行服务中获得更大的利润。而且大银行的用户数量众多,开通网上银行后,将会有足够多的用户使用网银服务(DeYoung et al. , 2007)。在我们的实证中,size 是银行总资产的对数。列(5)的结果表明,平均来看,银行的总资产每增加 1%,开通网上银行的概率将提高10 个基准点(0. 104 2 × 0. 01 = 0. 001 042),而且 size 的系数在 1% 的水平上显著。列(6)~(8)也显示出与列(5)类似的结果,表明网上银行的采用过程中存在着排名效应。

表3-2　基准回归结果

	Logit 回归				平均边际效应			
	(1)	(2)	(3)	(4)	(5)	(6)	(7)	(8)
size	8.200*** (1.596)	6.713*** (1.910)	7.129*** (1.672)	6.597*** (1.516)	0.104*** (0.023)	0.092*** (0.019)	0.092*** (0.0242)	0.072*** (0.018)
branch_density	−54.62*** (17.350)	−50.190* (28.400)	−51.240*** (15.940)	−31.810*** (14.630)	−0.694*** (0.227)	−0.6894 (0.451)	−0.664*** (0.221)	−0.346** (0.166)
ROA	157.200 (105.8)	160.300 (100.3)	215.400** (109.2)	254.300** (127.3)	1.998 (1.298)	2.201* (1.3013)	2.7909** (1.3397)	2.7607* (1.4183)
NPL	−27.010 (21.91)	−19.070 (19.93)	−13.810 (27.31)	−9.884 (20.42)	−0.343 (0.286)	−0.262 (0.274)	−0.179 (0.350)	−0.107 (0.22)
loanasset	−3.062 (2.608)	−3.431 (2.642)	−3.508 (3.158)	−4.283 (4.084)	−0.039 (0.033)	−0.0471 (0.036)	−0.046 (0.039)	−0.047 (0.045)
nintexpratio	−5.285 (7.986)	−2.965 (7.97)	−0.410 (7.502)	1.787 (7.053)	−0.067 (0.109)	−0.041 (0.111)	−0.005 (0.097)	0.019 (0.076)
nintincratio	−11.53 (8.063)	−9.965 (8.495)	−11.89 (9.756)	−9.229 (9.128)	−0.1466 (0.107)	−0.137 (0.114)	−0.154 (0.121)	−0.100 (0.099)
citynum	5.043*** (1.582)	4.871** (2.203)	5.214*** (1.821)	2.687** (1.277)	0.064*** (0.019)	0.067* (0.035)	0.068*** (0.021)	0.029** (0.015)
MMC	23.840*** (5.39)	19.840*** (5.96)	22.180*** (6.465)	20.090*** (6.978)	0.303*** (0.092)	0.273*** (0.066)	0.288*** (0.078)	0.218*** (0.081)

（续表）

	Logit 回归				平均边际效应			
	(1)	(2)	(3)	(4)	(5)	(6)	(7)	(8)
HHI			49.910*** (14.49)	33.240*** (12.57)			0.647*** (0.194)	0.361** (0.144)
lnperinc			11.09** (4.836)	14.27*** (4.617)			0.144** (0.061)	0.155*** (0.053)
lnpop			1.497 (2.428)	3.660* (2.032)			0.019 (0.029)	0.039** (0.019)
internet			-21.060 (17.23)	-16.710 (14.57)			-0.273 (0.236)	-0.181 (0.171)
edu			48.620 (37.25)	54.250* (32.16)			0.630 (0.505)	0.589* (0.345)
age			-27.770 (39.69)	-7.584 (30.39)			-0.360 (0.505)	-0.083 (0.331)
constant	-63.240*** (12.89)	-57.190*** (16.26)	-169.600*** (59.75)	-206.900*** (58.49)				
time trend		√		√		√		√
bank type FE			√	√			√	√
observations	1008	1008	1008	1008	1008	1008	1008	1008
number of id	141	141	141	141	141	141	141	141

注：括号内为标准误，*** 表示 1% 的显著性水平，** 表示 5% 的显著性水平，* 表示 10% 的显著性水平。

变量 branch_density 的系数显著为负,表明银行分支机构的密度越大,银行开通网上银行的可能性越小。平均来看,分支机构密度增加1%会降低银行开通网上银行的概率约70个基准点,且该结果是统计上显著的。在理论模型中,银行在进行分支机构扩张时会降低实体网点服务的价格,吸引客户选择实体网点的服务,导致网上银行的需求下降。因此,分支机构密度较高的银行通常会推迟开通网上银行的时间。

变量 citynum 是银行分支机构所在城市数量的对数,用来表示银行的地理扩张程度。正如表 3-2 所示,citynum 每增加1%会导致银行开通网银的概率增加7个基准点。这表明,地理扩张越大的银行会更早地开通网上银行。基于本章的理论模型,全国性的大银行比区域性小银行有更大可能性开通网上银行,因为大银行可以在多个市场上分摊网上银行的固定成本。

衡量网上银行市场竞争情况的变量 MMC 的系数在四个模型中都显著为正,表明开通网上银行的竞争对手数量越多,银行越有动机开通网上银行。平均来看,竞争对手网上银行市场占有率每增加1%会使银行开展网银业务的概率增加22~30个基准点。正如理论模型所指出的,银行开通网上银行的策略会受竞争对手的影响,竞争对手开通网上银行的决策会使银行积极地加入网银市场的竞争,在网上银行市场分一杯羹。我们的结果也表明了 Karshenas 和 Stoneman(1993)所指出的存量效应的存在。

控制了市场层面的变量后,ROA 的系数显著为正,ROA 每增加1%将会使网上银行开通的概率增加2%。正如 Hasan(2002)和 Ciciretti 等(2009)所指出的那样,网上银行的开通往往伴随着较高的运营风险,因为网上银行渠道会增加银行的贷款和股票的波动。财务状况越好的银行越能够承担开通网上银行的风险。但是,我们在结果中并没有发现其他财务指标的显著影响。

列(3)和列(4)中的人口统计指标用来衡量网上银行市场的需求因素。变量 lnperinc 的系数显著为正,表明总部设在发达地区的银行更可能开通网上银行，因为发达地区网上银行的需求量比较高。平均来看，人均收入每增加 1% 将使得银行开通网银的概率增加 15 个基准点。然而，互联网发展情况对网上银行的开通并没有显著影响，可能是由于收入水平与互联网发展情况正相关，互联网的效应被收入吸收了。

接下来，我们考虑市场层面的变量对网上银行开通的影响。HHI 的系数显著为正，表明市场中银行通过实体网点竞争的激烈程度越低，银行开通网上银行的概率越高。根据列（8）的结果，HHI 每增加 1% 会导致网银开通的概率增加 0.4%。也就是说，市场份额越集中的银行越有可能开通网上银行，该结果与 Hernandez-Murillo 等（2010）的结果是一致的。

表 3-2 的基准结果表明，在网上银行采用的决策中，银行受到很多因素的影响。实证结果也表明开通网上银行决策中存在排名效应和存量效应。开通网上银行业务既是银行的一种技术手段也是一种防御性的竞争手段。另外，市场层面的特征也会从供给侧影响网上银行采用的决策。

3.4.2　稳健性检验

本小节进行了一系列稳健性检验来验证基准回归结果。为了衡量银行的竞争对手在网银采用中的决策，本书采用 MMC 指数作为代理变量。为了解决遗漏变量问题对基准结果的影响，我们采用一个与竞争对手的网上银行采用决策相关却与银行自身决策不相关的变量作为 MMC 的工具变量，进行稳健性检验。为此，本书构造了一个表征网上银行竞争强度的指标 IBtrend：

$$\text{IBtrend}_{it} = \sum_{j=1} \frac{d_{ijt} \cdot \text{IB}_{jt}}{d_{it}} \qquad (3-18)$$

其中，$d_{ijt} = \dfrac{1}{\mid z_{it} - z_{jt} \mid}$，$d_{it} = \sum d_{ijt}$，$z_{it}$ 是银行 i 在 t 年的总资产；IB_{jt} 是一个虚拟变量，若银行 j 在 t 年已开通网上银行，取值为 1，否则取值

为 0。IBtrend 能够更加精确地刻画银行在网上银行市场中的竞争。一般而言,银行会更多地考虑与自身规模相近的竞争对手的市场决策,因为它们所竞争的市场重叠度更高。IBtrend 的值越大,说明银行所面临的开展网上银行业务的竞争压力越大。

我们使用 Wooldridge(2010)提出的两阶段 Logit 模型作为稳健性检验的估计方法。表 3-3 和表 3-4 分别汇总了稳健性检验第一阶段和第二阶段的结果。表 3-4 的结果与表 3-2 的基准回归结果并没有显著的差别,MMC 的系数显著为正,与基准结果相一致。在第二阶段,residual 的系数不显著,表明潜在的遗漏变量问题不会造成估计结果的偏误。

表 3-3　MMC 指数的第一阶段回归结果

	(1)	(2)	(3)	(4)
	MMC	MMC	MMC	MMC
IBtrend	0.151*** (0.012)	0.098*** (0.014)	0.091*** (0.015)	0.094*** (0.015)
size	0.002 (0.007)	−0.019** (0.007)	−0.016** (0.008)	−0.018** (0.008)
branch_density	−0.148*** (0.049)	−0.140*** (0.049)	−0.080 (0.049)	−0.053 (0.049)
ROA	0.526 (0.504)	1.279** (0.508)	1.330** (0.520)	1.465*** (0.518)
NPL	−0.070 (0.083)	0.027 (0.083)	−0.003 (0.084)	0.021 (0.083)
loanasset	0.008 (0.017)	−0.015 (0.017)	−0.019 (0.017)	−0.024 (0.017)
nintexpratio	0.010 (0.029)	0.040 (0.029)	0.026 (0.029)	0.029 (0.029)

（续表）

	（1）	（2）	（3）	（4）
	MMC	MMC	MMC	MMC
nintincratio	0.075** (0.029)	0.096*** (0.029)	0.106*** (0.029)	0.104*** (0.029)
citynum	0.0001 (0.007)	0.008 (0.007)	0.007 (0.007)	−0.002 (0.007)
HHI			−0.191** (0.084)	−0.195** (0.083)
lnperinc			−0.002 (0.019)	−0.004 (0.019)
lnpop			−0.029** (0.014)	−0.025* (0.013)
internet_w			0.294*** (0.061)	0.336*** (0.062)
edu			0.235** (0.097)	0.226** (0.099)
age			−0.552*** (0.158)	−0.594*** (0.157)
constant	0.712*** (0.048)	0.758*** (0.048)	1.393*** (0.212)	1.409*** (0.233)
time trend		√	√	√
bank type FE				√
observations	1008	1008	1008	1008
number of id	141	141	141	141

注：括号内为标准误，***表示 1% 的显著性水平，**表示 5% 的显著性水平，*表示 10% 的显著性水平。

表 3 - 4　稳健性检验第二阶段回归结果

	Logit estimation				Average marginal effects			
	(1)	(2)	(3)	(4)	(5)	(6)	(7)	(8)
residual	-12.300 (14.91)	-9.322 (14.95)	-18.970 (16.87)	-8.358 (16.4)	-0.152 (0.193)	-0.124 (0.205)	-0.229 (0.203)	-0.086 (0.170)
size	8.181*** (2.218)	6.401*** (2.007)	7.055*** (1.615)	6.848* (1.410)	0.101*** (0.024)	0.085*** (0.027)	0.085*** (0.024)	0.070*** (0.017)
branch_density	-49.69*** (15.41)	-49.85*** (15.21)	-53.70** (20.92)	-34.40* (20.25)	-0.615*** (0.2103)	-0.661*** (0.2541)	-0.647** (0.2785)	-0.353* (0.182)
ROA	156.400 (117.4)	166.000 (106.4)	209.300* (119.2)	261.400** (132.7)	1.935 (1.329)	2.202 (1.4)	2.522* (1.471)	2.678* (1.412)
NPL	-26.660 (18.28)	-16.290 (20.84)	-11.340 (22.67)	-9.587 (20.80)	-0.330 (0.228)	-0.216 (0.276)	-0.137 (0.269)	-0.098 (0.212)
loanasset	-3.274 (2.636)	-4.614 (2.854)	-3.306 (3.752)	-3.544 (4.394)	-0.041 (0.033)	-0.061* (0.036)	-0.040 (0.044)	-0.036 (0.046)
nintexpratio	-3.905 (9.194)	-4.326 (6.888)	-0.686 (7.082)	2.000 (6.655)	-0.048 (0.119)	-0.057 (0.094)	-0.008 (0.086)	0.021 (0.066)
nintincratio	-10.970 (8.77)	-10.920 (9.136)	-12.580 (9.736)	-10.830 (8.883)	-0.136 (0.11)	-0.145 (0.129)	-0.152 (0.117)	-0.111 (0.091)

（续表）

	Logit estimation				Average marginal effects			
	(1)	(2)	(3)	(4)	(5)	(6)	(7)	(8)
citynum	5.433*** (1.517)	6.512*** (1.801)	5.717*** (1.568)	2.856** (1.284)	0.067*** (0.022)	0.086*** (0.024)	0.069*** (0.015)	0.029** (0.014)
MMC	33.920*** (8.661)	27.070*** (9.808)	35.090*** (9.888)	25.910*** (9.421)	0.420*** (0.126)	0.359** (0.148)	0.423*** (0.116)	0.265** (0.113)
HHI			58.810*** (14.03)	37.970*** (12.49)			0.709*** (0.193)	0.389*** (0.126)
lnperinc			11.620*** (5.464)	14.540*** (4.647)			0.1400** (0.063)	0.149*** (0.057)
lnpop			2.519 (1.760)	4.039** (1.760)			0.030 (0.022)	0.041*** (0.016)
internet			-16.340 (15.78)	-17.860 (14.64)			-0.197 (0.189)	-0.183 (0.163)
edu			50.310 (32.35)	54.620 (33.9)			0.606 (0.419)	0.560* (0.335)
age			-33.180 (34.07)	-2.177 (31.00)			-0.399 (0.411)	-0.022 (0.318)

（续表）

| | Logit estimation | | | | Average marginal effects | | | |
	(1)	(2)	(3)	(4)	(5)	(6)	(7)	(8)
constant	−72.810*** (14.51)	−62.080*** (13.65)	−188.300*** (59.94)	−195.100*** (60.25)				
time trend		√	√	√		√	√	√
bank type FE			√	√			√	√
observations	1 008	1 008	1 008	1 008	1 008	1 008	1 008	1 008
number of id	141	141	141	141	141	141	141	141

注：括号内为标准误，＊＊＊表示1%的显著性水平，＊＊表示5%的显著性水平，＊表示10%的显著性水平。

随着电子银行的发展,越来越多的银行开始为客户提供手机银行和微信银行服务。与网上银行不同,手机银行通过银行的手机应用程序为客户提供远程服务。微信银行是银行在微信平台上开通公众号,为客户提供信息咨询和业务办理的服务。可以说,手机银行和微信银行是网上银行在手机终端的延伸和扩展,让网银服务更加便捷。

我们构造了一个变量 EB 作为 IB 的替代变量,进行稳健性检验。EB 为银行开通网上银行、手机银行和微信银行三种服务的种类,当银行未开通任何服务时,EB 取值为 0,开通一种服务时,EB 取值为 1,依次类推。通常来说,银行往往先开通网上银行,其次手机银行,最后开通微信银行。因此,EB 的数值越大意味着银行在网上渠道的途径越丰富。图 3-3 显示了 IB 和 EB 随时间变化的情况。稳健性检验的模型使用有序 Logit 方法进行估计,表 3-5 的列(1)～(4)汇总了稳健性检验的结果。从表 3-5 列(1)～(4)的结果上来看,变量 size、MMC 和 citynum 的系数都显著为正,与基准回归结果一致。但是 branch_density 和 ROA 的效应变得不显著了。

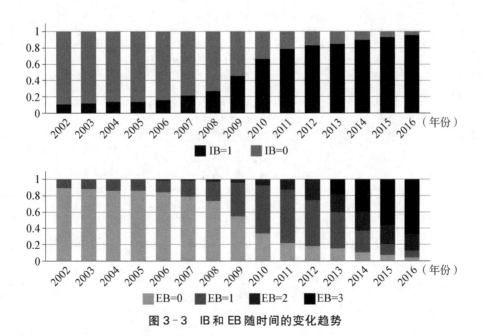

图 3-3　IB 和 EB 随时间的变化趋势

另外,本节使用倾向得分匹配的方法估计了网上银行采用的实证模型。在第一阶段,我们估计了每个观测值的倾向得分情况。所采用的控制变量与基准模型中的一样,包括 size、branch_density、ROA、NPL、loanasset、nintexpratio、nintincratio、citynum、MMC、HHI、lnperinc、lnpop、internet、edu 和 age。估计的倾向得分值为 $pr[ONLINE=1 \mid X_{it}] = \Phi(X_{it})$,其中 $\Phi(X_{it})$ 是标准正态分布的累积密度函数。倾向得分匹配模型的一个重要假设是,给定其他条件不变,观测值之间的差别只有开通网上银行与否。

　　根据得到的倾向得分,将具有近似倾向得分的观测值匹配起来。在第二阶段,我们用匹配好的样本估计网上银行采用的实证模型。表3-5 中列(5)~(8)汇总了倾向得分匹配后的估计结果,图3-4 给出了协变量的标准偏差。从结果中可以看出,branch_density、MMC 的系数与基准结果一致且在统计上显著。变量 size 和 citynum 的符号也与基准结果一致,只是在个别模型设定下显著。

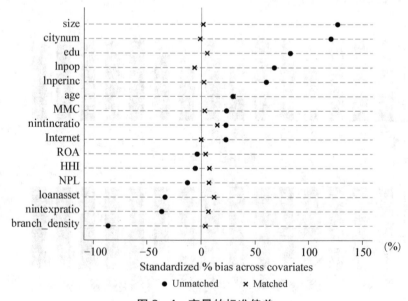

图3-4　变量的标准偏差

表 3 - 5　稳健性检验结果：EB 作为因变量

| | Ordered Logit: EB | | | | | Logit: matched sample | | |
	(1)	(2)	(3)	(4)	(5)	(6)	(7)	(8)
size	3.380*** (0.372)	1.115*** (0.321)	1.473*** (0.384)	1.637*** (0.421)	5.639*** (1.500)	2.993 (2.004)	2.563 (2.905)	3.600* (1.910)
branch_density	-10.980*** (3.157)	-4.048 (2.663)	-4.501 (2.845)	-3.709 (2.830)	-96.080*** (21.05)	-98.440*** (24.61)	-80.330*** (20.03)	-72.730*** (21.43)
ROA	-132.800*** (23.13)	-71.930*** (23.83)	-32.310 (25.25)	-31.060 (25.24)	147.800 (117.4)	160.900 (137.6)	72.070 (140.1)	182.700 (145.8)
NPL	1.374 (3.733)	9.542*** (3.308)	5.469 (3.683)	5.759 (3.639)	-20.440 (25.91)	-21.540 (38.78)	-7.129 (22.12)	-11.210 (25.39)
loanasset	2.998*** (0.610)	0.482 (0.621)	0.659 (0.676)	0.775 (0.706)	-4.377 (8.823)	-4.931 (10.62)	3.314 (19.73)	7.502 (10.76)
nintexpratio	0.135 (1.334)	2.255* (1.339)	3.265** (1.415)	3.517** (1.420)	6.922 (7.024)	9.999 (8.744)	5.534 (9.827)	8.251 (13.30)
nintincratio	-4.361*** (1.437)	-2.573* (1.398)	-1.824 (1.439)	-1.856 (1.430)	-12.730* (7.604)	-11.560 (9.009)	-8.613 (7.975)	-8.217 (8.214)
citynum	0.295 (0.307)	0.804*** (0.297)	0.759** (0.315)	0.635* (0.330)	5.061** (2.328)	5.874*** (1.552)	2.574** (1.227)	1.375 (1.773)
MMC	7.751*** (1.391)	2.204 (1.405)	3.414** (1.526)	2.879* (1.527)	27.680*** (6.389)	25.380*** (8.276)	17.340*** (6.236)	20.230*** (6.961)

（续表）

	Ordered Logit: EB				Logit: matched sample			
	(1)	(2)	(3)	(4)	(5)	(6)	(7)	(8)
HHI			4.139 (3.900)	3.947 (3.803)			38.040** (19.18)	28.740** (14.06)
lnperinc			-0.563 (0.881)	-0.442 (0.880)			11.040** (5.430)	13.070** (5.711)
lnpop			0.491 (0.627)	0.546 (0.610)			-0.230 (1.798)	1.576 (1.508)
internet			-5.593* (3.030)	-4.593 (3.084)			-25.750 (30.90)	-20.630 (15.83)
edu			4.645 (4.666)	6.012 (4.736)			52.380* (29.23)	70.900** (34.92)
age			-34.880*** (7.840)	-35.210*** (7.825)			-4.483 (39.22)	-3.758 (32.04)
time trend		√	√	√	√	√	√	√
bank type FE				√	√			√
observations	1008	1008	1008	1008	548	548	548	548

注：括号内为标准误，*** 表示 1%的显著性水平，** 表示 5%的显著性水平，* 表示 10%的显著性水平。

3.4.3　网上银行与实体网点的关系

为了进一步探究网上银行与实体网点的关系，本小节采用下面的模型考察网上银行与实体网点之间的替代或互补关系：

$$\text{branch}(\text{branch\_density})_{it} = \alpha_0 + \alpha_1 \text{L. IB}_{it} + \beta \boldsymbol{X}_{it} + \varepsilon_{it} \qquad (3-19)$$

其中，L. IB 是 IB 的一阶滞后变量，向量 $\boldsymbol{X}$ 是一系列的控制变量。因变量是银行分支机构数量的对数或分支机构的密度。方程（3-19）采用了 IB 的一阶滞后变量，是因为网上银行的开通对银行分支机构的影响有一定时间的滞后。

表 3-6 汇总了方程（3-19）的实证结果。列（1）～（4）报告了网上银行与分支机构数量之间的关系。列（1）包含了银行层面的控制变量，列（2）包含了银行层面的控制变量和年份固定效应；列（3）和列（4）都包含了银行层面变量、市场层面变量和年份固定效应，列（4）还包含了银行类型固定效应。变量 L. IB 的系数在四列结果中显著为负，表明网上银行与实体网点之间存在替代关系。列（5）～（8）报告了以 branch_density 作为因变量的结果。变量 L. IB 的系数为负且在 1% 的水平上显著，与列（1）～（4）的结果是一致的。与 DeYoung 等（2007）的发现不同，表 3-6 的结果表明，当银行开通了网上银行后，会倾向于减少实体网点，网上银行渠道与实体网点渠道之间存在着替代关系。

3.4.4　小结与讨论

本章利用中国银行业的数据从理论和实证方面研究了电子银行采用的影响因素。理论模型表明，银行的地理扩张、实体网点密度和竞争对手的电子银行开通决策都会影响银行开展电子银行业务。而且，实证结果证实了理论模型的结论。本章的研究发现：①跨区域经营的银行比单一市场经营的银行更具有优势，能够将开通电子银行的固定成本分摊到不同市场上；②由于电子银行与实体网点的替代关系，实体网点密度高的银行往往会推迟开通电子银行的时间，银行会根据自身比较优势

表 3-6 网上银行与实体网点之间的关系

	branch				branch_density			
	(1)	(2)	(3)	(4)	(5)	(6)	(7)	(8)
L.IB	-0.109*** (0.039)	-0.099** (0.039)	-0.079** (0.037)	-0.078** (0.037)	-0.029*** (0.007)	-0.028*** (0.008)	-0.025*** (0.008)	-0.025*** (0.008)
size	0.581*** (0.039)	0.691*** (0.054)	0.707*** (0.060)	0.707*** (0.073)	-0.045*** (0.008)	-0.033*** (0.009)	-0.032*** (0.011)	-0.031** (0.013)
ROA	-0.911 (2.716)	-3.438 (2.715)	-0.811 (2.686)	-1.285 (2.597)	-0.320 (0.451)	-0.643 (0.491)	-0.414 (0.464)	-0.483 (0.452)
NPL	2.455** (1.128)	2.049** (1.028)	1.426* (0.796)	1.365* (0.761)	0.321 (0.196)	0.270 (0.182)	0.198 (0.16)	0.182 (0.151)
loanasset	0.560*** (0.051)	0.662*** (0.065)	0.670*** (0.073)	0.677*** (0.081)	0.038*** (0.007)	0.049*** (0.008)	0.051*** (0.009)	0.052*** (0.011)
nintexpratio	0.443*** (0.154)	0.372** (0.154)	0.429*** (0.141)	0.405*** (0.137)	0.024 (0.026)	0.013 (0.026)	0.022 (0.024)	0.018 (0.025)
nintincratio	0.016 (0.136)	-0.059 (0.138)	-0.051 (0.139)	-0.052 (0.137)	0.014 (0.018)	0.003 (0.021)	0.001 (0.018)	0.001 (0.018)
citynum	0.172*** (0.051)	0.151*** (0.045)	0.155*** (0.045)	0.161*** (0.046)	0.026*** (0.008)	0.023*** (0.007)	0.023*** (0.007)	0.025*** (0.007)
MMC	-0.647*** (0.204)	-0.400** (0.200)	-0.187 (0.191)	-0.111 (0.194)	-0.100** (0.039)	-0.068 (0.041)	-0.038 (0.039)	-0.026 (0.039)

（续表）

	branch				branch_density			
	(1)	(2)	(3)	(4)	(5)	(6)	(7)	(8)
HHI			0.256 (0.531)	0.312 (0.504)			0.140 (0.087)	0.146* (0.083)
lnperinc			-0.063 (0.083)	-0.065 (0.082)			-0.006 (0.011)	-0.007 (0.011)
lnpop			-0.071 (0.091)	-0.083 (0.082)			0.001 (0.012)	-0.001 (0.011)
internet			-1.479*** (0.344)	-1.525*** (0.351)			-0.206*** (0.053)	-0.222*** (0.053)
edu			0.344 (0.353)	0.193 (0.429)			0.026 (0.062)	0.015 (0.066)
age			0.527 (0.625)	0.563 (0.601)			0.114 (0.103)	0.126 (0.101)
constant	0.390 (0.331)	-0.199 (0.369)	0.100 (0.781)	0.995 (0.968)	0.459*** (0.062)	0.399*** (0.066)	0.300** (0.151)	0.345** (0.171)
time trend		√	√	√		√	√	√
banktype FE				√				√
observations	838	838	838	838	838	838	838	838

注：括号内为标准误　*** 表示 1% 的显著性水平，** 表示 5% 的显著性水平，* 表示 10% 的显著性水平。

调整电子银行和实体网点的服务供给；③对小银行来说，开通电子银行是一种防止高价值客户流失、保持市场地位的竞争策略。

本章的实证结果也表明，银行的规模、资产回报率、经济水平、市场竞争程度等因素也显著影响银行开通电子银行的决策。从实证分析中可以看出，实体网点密度、市场竞争程度和财务状况是开通电子银行最重要的影响因素。这些结论可以为银行开展电子银行业务的决策提供一些借鉴和启发。

我们的研究也可以给银行对电子银行渠道和实体网点渠道的有效管理带来一些启发。与传统的技术创新不同，电子银行是一种不仅影响银行业也会影响人们日常生活的破坏性创新。银行的经营者应该谨慎地考虑开通电子银行的决策，思考电子银行所带来的机遇和挑战。由于电子银行业务的不断发展，银行需要紧跟其发展趋势，通过电子银行提供更多的服务，开拓手机等终端的服务范围，使消费者更加深入地使用电子银行服务。同时，银行也需要仔细考虑电子银行所带来的风险，找到自身的比较优势，调整电子银行渠道和实体网点渠道的服务范围。

电子银行的出现和快速发展给银行的监管者带来了一些挑战。在中国，几乎所有的商业银行都和支付宝及微信支付这两个最大的手机支付系统相连接。快速便捷的支付手段提高了银行的效率，也方便了消费者，但也增加了银行流动性风险。电子银行和实体网点之间存在着替代关系，一些银行为了削减成本、提高经营绩效，开始减少实体网点。但是，也有一些消费者不会使用电子银行，需要去实体网点获取服务。监管者也要考虑这些消费者的需求。电子银行的发展也有可能带来市场垄断，大银行不断侵蚀小银行的市场份额，削弱市场活力。银行业监管者应当提前研判电子银行对银行业带来的不利影响，保障银行业的良性发展。

3.5 本章结论

本章基于中国银行业的背景，分析了电子银行采用的影响因素。在实证分析中，我们采用中国银行业 2002—2016 年的面板数据，估计了影响电子银行开通决策的因素。研究发现，地理扩张、实体网点密度、资产回报率、银行规模、经济发展水平和市场竞争程度等都是影响银行开展电子银行业务的重要因素。本章构建了一个理论模型解释了这些因素影响电子银行采用决策的机制，考察了大银行和小银行之间的竞争策略以及电子银行与实体网点之间的关系，并用实证结果验证了理论模型的结论。

本章的理论模型和实证结果表明，银行规模越大越可能较早开通电子银行，资产回报率高的银行开通电子银行的概率也更高。实体网点密度较高的银行倾向于推迟开通电子银行的时间，且实体网点与电子银行之间存在着替代关系。此外，电子银行开通的决策也受到竞争对手决策的影响。

本章的研究也有一些不足之处，需要进一步完善。首先，为了使理论模型易于处理，我们假设市场是同质的，没有考虑市场的异质性。其次，由于数据的可获得性，无法找到各银行的电子银行提供的具体服务种类，实证研究中无法构造精确衡量电子银行业务的变量。这些不足之处需要在今后的研究中进一步完善。

第4章　电子银行与银行绩效：基于中国银行业的实证

本书第 3 章基于中国银行业的实践,构造了银行采用电子银行渠道影响因素的理论模型,并用实证结果论证了理论模型的合理性。本章将进一步分析网上渠道对银行绩效的影响,并提供翔实的实证分析结果。

随着信息技术的迅猛发展,越来越多的企业都开始使用网上渠道分配和销售产品。现有文献也表明网上渠道可以减少成本、增加产量(Brynjolfsson et al. , 2000),增强与客户之间的交流提升企业价值(Subramani et al. , 2001; Lee and Grewal, 2004),强化与其他企业在不同渠道之间的竞争(Brynjolfsson et al. , 2010; Brynjolfsson et al. , 2013),进而提高企业的经营绩效。自 20 世纪 90 年代以来,银行业开始利用信息技术创新自身的销售渠道,运用互联网向客户同时提供传统银行服务(如开通存款账户和资金转账等)和新型银行业务(电子账单查询和网上支付等)[①]。尽管从理论上看,银行可以通过开通电子银行来获得比较优势,提高绩效,但是现有文献关于电子银行对银行绩效的作用并没有得到一致结论。另外,Dewan 等(2007a)和 Dewan 等(2007b)发现对信息技术的投资既会带来风险也会带来收益。由于风险管理是金融中介机构经营中最为重要的内容之一,理解银行如何利用电子银行渠道来调整风险和收益之间的关系显得尤为迫切。

对于中国的银行业来说,电子银行正在变成一个越来越重要的银行渠道之一。自从招商银行开通第一家电子银行业务以来,电子银行在中

---

① 比如,有调查报告显示,89％的银行增加了在渠道创新方面的投资(PwC's Financial Services Institute,2015)。

国经历了迅猛的发展。电子银行渠道能够为客户提供 24 小时全天候的服务，允许客户不受时间和地点的限制登录电子银行，查看银行账户余额和交易记录、进行网上转账和网上支付以及购买投资理财产品。银行客户也可以通过电子银行申请个人消费贷款，如教育贷款、住房贷款等。

1999 年，中国银行率先将电子银行服务扩展到手机终端，开通手机银行业务，允许客户通过手机查看账户、转账和交易等，获得银行的服务。然而，手机银行业务刚开始发展很缓慢，直到 2011 年之后才开始快速发展。到 2017 年，中国通过手机银行进行的交易额达到 216 亿元，增长率达到 53.7%[1]。另外，越来越多的银行为了吸引客户，保持客户忠诚度，开通了微信银行作为电子银行渠道的扩展。微信银行以腾讯公司开发的社交软件微信为载体，客户通过关注银行的微信公众号就可以在公众号上获得一定的电子银行服务。微信银行不同于微信支付、支付宝和银联支付，这三类只是与银行账号连接起来的支付系统[2]。客户可以在微信上使用不同银行的微信银行服务，不需要下载每个银行的专属软件。自 2003 年招商银行率先开通微信银行服务后，越来越多的银行开始提供微信银行服务。

尽管电子银行的出现始于西方发达国家，但是却在中国得到了快速的发展。2016 年，中国网上银行的交易额达到 15 709 亿元，2002—2016 年年均增长率达到 34%。在中国，所有的大银行和大部分中小银行都提供电子银行服务。电子银行在中国的发展与其他国家有一些类似的特点。第一，较大的银行（大型国有商业银行和股份制银行）往往比中小银行（城市商业银行和农村商业银行）开通电子银行的时间要早。第二，个人电子银行用户的增长率大于企业客户。2020 年，个人电子银行用户的比例达到 59%，较 2019 年增长了 3 个百分点，而企业电子银行用户的增长率为 2%（中国金融认证中心，2020）。第三，使用电子银行的大多是年轻人和受过高等教育的人群，他们使用网银的主要目的是购

---

[1]　2011 年，中国的手机支付额是美国的 11 倍（McKinsey Global Institute. China's Digital Economy：A Leading Global Force，August 2017）。

[2]　见中国工商银行的微信银行详细介绍（https://www.icbc.com.cn/ICBC/wxyx5/2.htm）。

物和娱乐(Yuan et al.，2010)。

本章采用130家中国银行2002—2016年的面板数据，从实证上检验网上银行对银行风险和收益的影响。本章的实证分析包括几个部分：第一，从银行各年份年报和网站上搜集了银行开通网上银行的信息。对于银行来说，网上银行的开通是指通过网页提供在线银行服务。第二，使用随机前沿方法估计了银行的利润效率、成本效率、利息收入效率和非利息收入效率，随机前沿函数采用的是 translog 函数形式(Berger and Mester，1997；Hughes and Mester，2010)。由于四个效率变量可能会同时受到银行层面可观测变量和不可观测变量的影响，本书在估计效率时采用了 Tsionas 和 Kumbhakar(2014)以及 Kumbhakar 等(2014)所发展的面板 SFA 方法来控制不可观测的银行异质性。利润效率是衡量银行绩效的总体指标，另外三个效率指标可以用来发现网上银行通过怎样的渠道影响利润效率。在本章中，我们将这些效率指标的上升(下降)定义为正(负)收益。第三，采用了 Z-score 作为偿付风险的指标，并用资本充足率揭示 Z-score 的变化。本章还使用不良贷款率考察了银行的信用风险，用流动性比率考察了流动性风险。第四，在估计网上银行对银行效率和风险的作用时，可能会受到不可观测因素的影响，造成估计偏差。这些不可观测因素的存在有可能导致遗漏变量所带来的内生性问题。因此，本章估计了网上银行选择的离散选择模型，模型中考虑了银行资产规模、实体网点数量、银行财务指标、银行竞争策略以及宏观统计指标等因素对开通网银决策的影响。本章采用 Wooldridge(2015)提出的控制函数方法解决了遗漏变量导致的内生性问题。

本章的实证结果发现，网上银行可以通过提高非利息收入效率提高银行的利润效率，且带来银行新业务模式的发展。但是，我们也发现网上银行的开通会降低银行的成本效率，可能是由于维护网上银行会带来额外的营销和人力成本。在风险管理方面，网上银行的开通会造成贷款质量的下降，提高偿付风险。本章的结果发现，网上银行会同时带来风险和收益。尽管会增加银行的风险，网上银行总体而言会带来银行绩效的提高。

本章也发现网上银行对银行效率和风险的作用在银行间存在异质性。第一，开通网上银行的银行通常具有较好的管理能力（以营利能力和外资持股衡量），有能力节约成本，降低网上银行渠道的风险。第二，劳动力密集度较高的银行往往在开通网银后流动性风险降低。第三，小银行能够从网上银行渠道得到更大的收益，因为小银行可以充分利用网上银行的特点与大银行进行竞争，而不是仅仅通过实体网点进行竞争。由于金融创新在中国发展迅速，本章也考察了网上银行业务的扩展服务（如手机银行和微信银行）对银行效率和风险的影响。

最后，本章进行了一系列的稳健性检验，再次证实了基准结果的结论。第一，采用了因变量的其他指标，如以排名得到的效率指标、衡量偿债能力的相对 Z-score 指标。第二，在实证模型中加入了经济统计变量的交互项。第三，考察了网上银行对银行效率和风险影响的动态效应。第四，稳健性检验采用两阶段最小二乘法估计了网上银行的作用。第五，采用不同的标准对样本进行筛选，以考察基准结果是否在不同的样本中都是稳健的。第六，随机将网上银行变量的值赋予观测值，构造了一个网上银行变量的安慰剂指标，进行了安慰剂检验。稳健性检验的结果表明，我们的模型是非常稳健的。

本章内容的贡献主要有以下几方面：

本章的研究工作丰富和发展了电子银行与银行绩效研究的文献。现有关于电子银行对银行绩效的作用还没有形成一致结论。早期的文献（Egland et al.，1998；Sullivan，2000；Furst et al.，2002）并未发现电子银行对银行绩效的提高作用。然而，近期的一些文献表明电子银行与银行绩效之间存在正向关系。DeYoung 等（2007）考察了电子银行的开通对美国社区银行的影响，发现电子银行可以通过增加非利息收入提高银行的利润。Hernando 和 Nieto（2007）对西班牙银行业的研究发现，电子银行可以通过削减银行的运营成本提高银行的利润水平。Ciciretti 等（2009）基于意大利银行业的数据，发现电子银行能够提高银行收益，降低风险。Onay 和 Ozsoz（2013）则发现，电子银行能够提高银行的非利息收入，却又带来利息收入的下降。

本章的内容与之前研究的不同主要体现在两个方面：第一，提供了电子银行渠道影响银行风险的传导机制。目前仅有为数不多的文献研究了电子银行渠道与银行风险的传导机制。DeYoung 等（2007）认为，电子银行渠道开展贷款业务时，更多地关注贷款者的硬信息，而很少关注贷款者的软信息。Ciciretti 等（2009）发现，电子银行渠道能够降低信用风险以及股票回报的波动性。本章通过考察更大范围的银行风险指标（如偿债风险、信用风险和流动风险等），扩展了现有文献，并且更为全面地分析了电子银行对银行绩效的影响。第二，现有文献（DeYoung et al.，2007；Hernando and Nieto，2007；Ciciretti et al.，2009）在实证中并未考虑开通电子银行的银行与未开通的银行在投入和产出方面的差异。本章的研究控制了产出、投入、信用风险的时间效应，考察了电子银行对利润效率、成本效率、利息收入效率和非利息收入效率的作用。

　　本章的内容也丰富了研究中国银行业效率和风险的文献。现有文献考察了企业治理结构（Berger et al.，2009；Jiang et al.，2009；Sun et al.，2013；Jiang et al.，2013）、多元化经营（Berger et al.，2010）对银行效率的影响，以及国有和外资股权对银行风险的作用（Cheng et al.，2016；Zhu and Yang，2016）。本章是第一次基于中国银行业背景，从理论和实证角度分析电子银行对银行效率和风险的影响。中国金融市场的发展对全球的金融市场有很大的影响，尤其是在出现负面消息时（Mwase et al. 2016）。因此，深刻地理解金融创新对中国银行业效率和风险的影响具有重要的政策价值。

　　本章的研究也丰富了电子银行采用相关文献的内容。研究发现电子银行的规模效应以及电子银行渠道和实体网点渠道之间的替代效应，财务状况、银行经营策略（如贷款资产比率、非利息收入比率和商业贷款与个人贷款比率）、银行间竞争情况、社会经济条件（如人均收入水平和人口规模）也会影响电子银行的开通决策。中国银行开通电子银行的模式与现有文献中的发现是一致的（Egland et al.，1998；Courchane et al.，2002；Corricher，2006；DeYoung et al.，2007；Hernando and Nieto，2007；Ciciretti et al.，2009；Hernandez-Mutillo et al.，2010；

Onay and Ozsoz，2013；Pana et al.，2015；Dandapani et al.，2018）。

4.1　电子银行对银行绩效影响的理论框架

　　本节首先讨论电子银行如何影响银行的利润，尤其是通过削减成本、增强利息收入和非利息收入等渠道方面。电子银行对银行利润的净影响依赖于电子银行对成本、利息收入和非利息收入的作用，因而是不明确的。然后，本节还讨论了电子银行对银行风险的影响。

　　首先，电子银行对银行成本的影响是不明确的。一方面，电子银行交易和服务的单位成本远低于实体网点，可以减少银行的运营成本和其他相关成本（Hernando and Nieto，2007）。另一方面，电子银行渠道需要很高的固定成本，并且会以运营成本的形式分摊到各年的成本中。正如 DeYoung 和 Duffy（2004）指出的那样，提供电子银行服务不仅是一个技术壮举，还是一个营销壮举。为了让更多的客户知晓并使用电子银行服务，银行需要花费大量的广告成本。另外，电子银行的运营和维护也需要熟练技能的 IT 人员，这也会增加银行的人力成本（DeYoung et al.，2007）。

　　其次，电子银行对利息收入的影响是不明确的。一方面，电子银行可以通过硬信息从事贷款业务，可以增加信用卡贷款（DeYoung et al.，2007）、汽车贷款和抵押贷款的业务量。另一方面，电子银行会减少中小企业的贷款，因为这些贷款的发放主要基于对软信息进行审核。另外，电子银行的开通也会降低贷款利息、提高存款利息，减少电子银行所带来的成本削减效应。Pana 等（2015）发现电子银行允许美国的信用合作社提供更窄的利率价差，以保持其利润不变。

　　再次，电子银行对非利息收入的影响是不明确的。一方面，开通电子银行的银行有几种方式增加非利息收入。第一，银行可以通过为电子银行服务收取费用而提高非利息收入。第二，银行可以通过电子银行渠道提供的多种业务获得收入，如网上中介费。现有文献也发现电子银行可以增加非利息收入（DeYoung et al.，2007；Hernando and Nieto，

2007；Ciciretti et al.，2009；Onay and Ozsoz，2013）。另一方面，电子银行的成本削减效应也会导致银行服务费用的降低，造成非利息收入的下降。

最后，电子银行对资本充足率和偿付风险的影响是不确定的。信用风险的变化可能导致银行调整资本充足率，影响不良贷款率、资金成本（Berger and DeYoung，1997）。流动性风险的变化也会导致资金供给的变化，进而影响银行的资金成本，并最终影响资本充足率。电子银行对资本充足率的不确定影响也会对偿付风险造成影响。Ciciretti 等（2009）也发现电子银行会影响收益的波动性，进而影响偿付风险。

此外，电子银行还会通过对银行效率和风险的作用影响银行的经营决策。从资产的角度来讲，电子银行会增加对信用卡贷款、汽车贷款和抵押贷款等基于硬信息审核的贷款的发放，却减少了中小企业贷款等基于软信息审核的贷款的发放。电子银行对贷款发放结果的影响有可能增加或降低银行的信用风险（DeYoung et al.，2007，Ciciretti et al.，2009）。从负债的角度来看，电子银行的便利性会使银行的客户将转账、支付和账户查看等业务转移到网上渠道。因此，DeYoung 等（2007）认为电子银行的开通会减少银行的存款，吸引更多不忠诚的客户，增加银行的流动性风险。

4.2　数据与实证模型设定

本节首先描述了本章实证研究使用的数据，然后设定了分析电子银行对银行效率和风险影响的实证模型，最后详细讨论了被解释变量和主要的解释变量，阐述了选取变量的意义和作用。

4.2.1　数据

本章的数据包含了 130 个银行（4 个国有银行、13 个股份制银行、84 个城市商业银行和 29 个农村商业银行）2002—2016 年的年度数据。银行财务数据主要来自 Bankscope 全球银行数据库和银行各年份年报，宏观经济数据来自国家统计局网站。银行层面表征电子银行开通与否的变量手动搜集。去除缺失的观测值后,本章的观测值数量为689。表4-1汇总了样本中变量的定义和来源。

表4-1 变量的定义和数据来源

变量名称	描述	数据来源
Panel A 效率估计中所用到的变量		
profit（p）	总利润（百万元）	Bankscope、银行年报
total costs（c）	运营成本＋利息成本（百万元）	Bankscope、银行年报
non-interest income（ninc）	非利息收入（百万元）	Bankscope、银行年报
net interest income（inc）	利息收入（百万元）	Bankscope、银行年报
total deposits（y_1）	总存款（百万元）	Bankscope、银行年报
total loans（y_2）	总贷款（百万元）	Bankscope、银行年报
total investments（y_3）	其他盈利性资产（百万元）	Bankscope、银行年报
price of funds（w_1）	资金价格（百万元）	Bankscope、银行年报
price of capital（w_2）	劳动力价格（百万元）	Bankscope、银行年报
total assets（z）	总资产（百万元）	Bankscope、银行年报
non-performing loan（NPL）	不良贷款率	Bankscope、银行年报
Panel B 银行效率和风险的指标		
A. 被解释变量		
profit efficiency（PE）	随时间变化的利润效率	用 SFA 估计得到
cost efficiency（CE）	随时间变化的成本效率	用 SFA 估计得到
interest income efficiency（IIE）	随时间变化的利息收入效率	用 SFA 估计得到
non-interest income efficiency（NIE）	随时间变化的非利息收入效率	用 SFA 估计得到
Z-score	$(ROA + CAR) \div sd(ROA)$	Bankscope、银行年报
CAR	资本充足率＝资本总额÷总资产	Bankscope、银行年报

（续表）

变量名称	描述	数据来源
NPL	不良贷款率	Bankscope、银行年报
Liquidity	流动性比率＝流动资产÷（存款＋短期贷款）	Bankscope、银行年报
XZ-score	随时间变化的 Z-score 效率	用 SFA 估计得到
LLP	贷款损失准备	Bankscope、银行年报
B. 主要的解释变量		
ONLINE	银行开通电子银行后取值为 1，否则为 0	手动搜集
♯ONLINE	银行开通三种电子银行服务的种类	手动搜集
C. 第一阶段的控制变量		
ROA	资产回报率	Bankscope、银行年报
loan/asset	总贷款÷总资产	Bankscope、银行年报
non-interest expenses ratio	非利息支出÷总支出	Bankscope、银行年报
non-interest income ratio	非利息收入÷总收入	Bankscope、银行年报
business/consumer loan	企业贷款÷个人贷款	Bankscope、银行年报
MMC	多市场联系指数	笔者自行计算
EDUCATION	受过高等教育的人口÷总人口	国家统计局网站
AGE	15～64 岁的人口÷总人口	国家统计局网站
INTERNET	互联网用户数÷总人口	国家统计局网站
D. 控制变量		
SIZE	总资产（百万元）	Bankscope、银行年报
BRANCH	分支网点数目÷总资产（1/百万元）	Bankscope、银行年报
HHI	根据分支网点数计算的 HHI 指数	笔者自行计算
PINC	城市人均收入（万元）	国家统计局网站

（续表）

变量名称	描述	数据来源
POP	城市人口（万人）	国家统计局网站
NFIRM	城市企业数量	国家统计局网站

4.2.2　实证模型

为了分析电子银行对银行效率和风险的影响，本章的实证模型设定为

$$efficency_{it}(risk_{it}) = \alpha_0 ONLINE_{it} + X_{it}\beta + \eta_t + \eta_b + \eta_b \times t + \varepsilon_{it}$$

$$(4-1)$$

其中，$efficency_{it}$ 是一系列银行的效率，银行效率将会在 4.3.3 节详细地介绍；$risk_{it}$ 是一系列银行风险的指标。本章的核心变量是 $ONLINE_{it}$，当银行开通电子银行业务后，取值为 1，否则取值为 0。X 是一系列控制变量，包括银行总资产（SIZE）、（分支网点数目÷总资产）（BRANCH），由于大银行可能通过多元化经营获得更高的效率和更低的风险（Hughes and Mester，2010），控制变量也包含了衡量银行地理多元化经营的变量，即银行分支网点的城市数量（NCITY）。现有文献关于跨区域经营对银行绩效的影响并没有一致的结论。一方面，跨区域经营会使银行很难监控分支机构的经营者，增加银行的代理成本（Bandelj，2016）。另一方面，跨区域经营也能够使银行在不同的市场上分散风险（Aguirregabiria et al.，2016）。

另外，模型中也包含了一系列经济和统计变量。HHI 指数通过市场中银行的分支网点数量计算得到，衡量了市场中银行的竞争情况（DeYoung，2007；Hernandez-Murillo et al.，2010）。控制变量还包括了人均收入（PINC）、人口（POP）以及银行总部的企业数量（NFIRM）等经济变量。模型中还包括了年份固定效应 η_t 和银行类型固定效应 η_b 来捕捉不同银行和年份间的不可观测的异质性。银行类型的趋势项 $\eta_b \times t$

也包含在模型中,用来捕捉效率和风险在银行类型之间的不同趋势。模型的标准误在银行类型层面进行聚类,允许误差项的序列相关和同类型银行间误差项的相关。

4.2.3　内生性问题的解决

尽管在估计银行效率的时候考虑到了银行不可观测的异质性,但是仍然存在潜在的因素影响电子银行的开通以及银行的效率和风险。比如,银行经营者有可能想尝试通过电子银行的开通来提高无效率银行的效率。这些潜在的内生性可能会导致 ONLINE 与方程(4-1)中的误差项负相关。

为了克服内生性问题的影响,本章采用 Wooldridge(2015)提出的控制函数法控制潜在的内生性问题。相对于标准的两阶段最小二乘法,控制函数法的一个优势是当模型设定正确时,其估计结果更加有效。根据以往的文献,本章电子银行采用的 Probit 模型如下:

$$\text{ONLINE}_{it} = X_{it}\theta_1 + Z_{it}\theta_2 + v_t + v_b + v_b \times t + \mu_{it} \qquad (4-2)$$

方程(4-2)包括了一系列与方程(4-1)相同的控制变量 X,包括年份固定效应、银行类型固定效应和银行类型趋势项。更为重要的是,基于相关文献,方程(4-2)的模型中还包括了一系列工具变量 Z。这些变量包括了五个方面:银行规模、财务状况、经营策略、市场竞争情况和宏观统计变量(见表4-1)。

在 $\{\varepsilon_{it}, \mu_{it}\}$ 服从联合正态分布假设的情况下,可以得到下面的关系:

$$\text{E}(\varepsilon_{it} \mid \text{ONLINE}_{it}, X_{it}) = \text{E}(\varepsilon_{it} \mid \mu_{it}, X_{it}, Z_{it}) = \text{E}(\varepsilon_{it} \mid \mu_{it}) = \gamma\text{GR}_{it}$$
$$(4-3)$$

方程(4-3)第一个等式从方程(4-2)的模型中得出,第二个等式中 $\{X_{it}, Z_{it}\}$ 与 ε_{it} 相互独立。方程(4-3)表明,可以将变量 GR_{it} 包含在方程(4-1)中以控制方程(4-1)中电子银行采用的潜在内生性。其中,

$$\mathrm{GR}_{it} = \mathrm{ONLINE}_{it} \times \frac{\phi(U_{it})}{\Phi(U_{it})} + (1 - \mathrm{ONLINE}_{it}) \times \frac{-\phi(U_{it})}{1 - \Phi(U_{it})}, U_{it} =$$

$\widehat{\mathrm{ONLINE}}/\sigma_\mu$。 GR_{it} 是方程(4-2)的广义残差，函数 $\phi(\cdot)$ 和 $\Phi(\cdot)$ 分别是概率密度函数和累积密度函数。σ_μ 是 μ_{it} 的标准差，用来对方程(4-2)第一阶段的 Probit 估计进行标准化。

方程(4-1)~(4-3)表明了估计的过程。先估计方程(4-2)，得到广义残差 GR_{it}，然后估计下面的模型：

$$\mathrm{efficency}_{it}(\mathrm{risk}_{it}) = \alpha_0 \mathrm{ONLINE}_{it} + X_{it}\beta + \gamma \mathrm{GR}_{it} + \eta_t + \eta_b + \eta_b \times t + e_{it}$$

$$(4-4)$$

控制函数法的思想就是将广义残差作为控制变量，使内生变量在第二阶段方程(4-4)的估计中变成外生的。从直觉上来看，广义残差起到样本选择模型中逆米尔斯比率(Inverse Mill's ratio)的作用。

控制函数法具有以下三个优点：第一，控制函数法可以简单地得到 α_0 的一致估计量。第二，Wooldridge(2015)指出，广义残差的系数 γ 可以进行异质性—稳健性 Hausman 检验，检验的原假设为 ONLINE 是外生的。另外，$\gamma = \mathrm{Cov}(\varepsilon_{it}, \mu_{it})/\mathrm{Var}(\mu_{it})$，正值的 γ 表明效率较高的银行或风险较大的银行更可能开通电子银行。第三，控制函数法加入工具变量和其他控制变量的交互项，比两阶段最小二乘法更为有效。此外，加入交互项后，能够分析电子银行的动态效应和异质性效应(见4.4节)。

4.2.4　银行效率

本章使用随机前沿分析方法估计银行的效率，分析银行是否根据相对价格选择投入和产出的量，达到利润最大化和成本最小化的目的(Hughes and Mester，2010)。本章采用利润效率，即控制住产出和投入条件后，一个银行的利润相对于盈利最高的银行的利润，来衡量银行的整体绩效水平(Berger and Mester，1997)。然后，本章又估计了成本效率、利息收入效率和非利息收入效率，进一步分析网上银行通过哪些渠道影响利润效率[①]。

在估计四个银行效率的时候,本章使用 Kumbhakar 等(2014)、Tsionas 和 Kumbhakar(2014)提出的四个误差项的随机前沿模型。该方法允许存在随机银行效应,并且将永久无效率从随时间变动的无效率项中分离出来[②]。该方法估计得到的随时间变化的银行利润效率可以作为银行总体效率的指标。效率的取值介于 0 和 1(或 100%)之间,效率值为 1 说明效率水平最高,效率值为 0 说明效率水平最低。

利润效率、成本效率、利息收入效率和非利息收入效率的平均值分别为 79%、94%、83% 和 65%(见图 4-1 和表 4-2)。成本效率和利息收入效率有更大的平均值,而非利息收入效率的值比较小。尽管本章所用的效率估计方法与 Berger 等(2009)和 Jiang 等(2013)不同,但是估计的效率值是近似的。

图 4-1 显示了四种效率的平均值随时间变化的趋势。可以看出四个效率值在样本区间内非常平稳,利润效率的值在 2007 年达到 77.2% 的最低值,在 2015 年达到 80.2% 的最高值。成本效率在样本区间内保持在 92%~94% 之间,利息收入效率保持在 81%~83% 之间,非利息收入效率从 2004 年的 65% 下降到 2016 年的 64%。

4.2.5　银行风险

本章的实证分析包括了文献中常用的几个银行风险指标。其中,Z-score 是衡量银行整体偿付风险的指标(Demirguc-Kunt and Huizinga,2010;Cheng et al.,2016)。本章选择 Z-score =(ROA + CAR)/sd(ROA)作为偿付风险的指标,其中 ROA 是平均资产回报率,CAR 是资本充足率,sd(ROA)是 ROA 在样本区间的标准差。Z-score 的值越大,表明银行的整体风险暴露越小,偿付能力越强。

[①] 使用 SFA 估计效率可以方便地与之前的文献(Berger et al.,2009;Berger et al.,2010;Jiang et al.,2013;)进行比较。

[②] Tsionas 和 Kumbhakar 发现在分析美国银行业的时候,该模型比不包括银行固定效应和永久无效率项的模型表现更好。

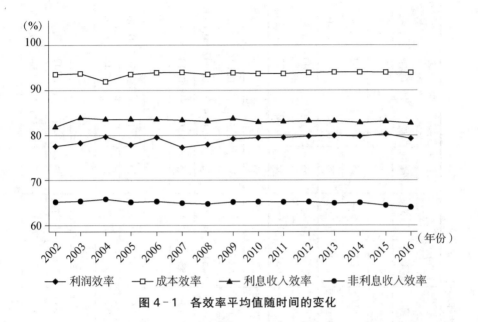

图 4-1 各效率平均值随时间的变化

为了与《巴塞尔协议Ⅲ》的框架保持一致,本章将 CAR 作为衡量银行吸收潜在损失能力的指标(Cheng et al. ,2016；Zhu and Yang, 2016)。CAR 能够表明 Z-score 的方差是否是由资本风险导致的。另外,本章还从资产的角度考察了网上银行对信用风险的影响。我们使用不良贷款率(NPL)衡量信用风险(Ciciretti et al. , 2009；Zhu and Yang, 2016)。变量 NPL 是不良贷款占总贷款的比率。最后,本章从负债的角度考察了电子银行对流动性风险的影响。借鉴现有文献(Cheng et al. , 2016；Zhu and Yang,2016),我们采用流动性比率(liquidity),即流动性资产占总存款和短期贷款的比率,作为流动性风险的指标。

表 4-2 汇总了风险指标的描述性统计结果。Z-score 的平均值是38.6,表明 ROA 与 CAR 能够应对 38 倍 ROA 标准差的冲击。CAR 的平均值是 0.13,NPL 的平均值是 0.016,liquidity 的平均值是 0.48。图 4-2 显示了各风险指标随年份的变化趋势图。从图中可以看出,Z-score 从样本初期增长到 2011 年的峰值,随后开始不断下降。这可能与2011 年银行规制加强有关。liquidity 在样本期间内缓慢增加,而 CAR

表4-2 变量的描述性统计

变量	变量层次	观测值	均值	最小值	最大值	标准差	Online = 1		Online = 0		Online 1 - 0	
							观测值	均值	观测值	均值	差值	p值
1. 被解释变量												
PE	银行	689	0.797	0.046	0.977	0.089	654	0.574	35	0.531	0.043	0.066
CE	银行	689	0.940	0.420	0.990	0.031	654	0.869	35	0.848	0.021	0.011
IIE	银行	689	0.827	0.229	0.961	0.087	654	0.824	35	0.827	-0.003	0.832
NIE	银行	663	0.651	0.089	0.907	0.111	631	0.648	32	0.625	0.023	0.260
Z-score	银行	670	38.64	3.133	204.0	17.30	635	38.45	35	42.10	-3.648	0.225
CAR	银行	670	0.127	0.004	0.409	0.027	635	0.126	35	0.142	-0.016	0.001
NPL	银行	689	0.016	0.000	0.382	0.024	654	0.016	35	0.014	-0.002	0.611
liquidity	银行	579	0.485	0.244	0.933	0.130	554	0.478	25	0.615	-0.137	0.000
2. 核心解释变量												
ONLINE	银行	689	0.869	0	1	0.337	654	0.916	35	0	0.916	0.000
#ONLINE	银行	689	1.658	0	3	1.033	654	1.746	35	0	1.746	0.000
3. 第一阶段的控制变量												
ROA	银行	689	0.014	0.001	0.035	0.005	654	0.014	35	0.012	0.002	0.083
loan asset	银行	689	0.459	0.050	0.747	0.102	654	0.461	35	0.411	0.050	0.005

（续表）

变量	变量层次	观测值	均值	最小值	最大值	标准差	Online = 1		Online = 0		Online 1 − 0	
							观测值	均值	观测值	均值	差值	p 值
non-interest exp. ratio	银行	689	0.328	0.002	0.873	0.095	654	0.328	35	0.319	0.010	0.556
non-interest inc. ratio	银行	689	0.08	− 0.337	0.489	0.083	654	0.081	35	0.045	0.036	0.012
nusiness/consumer loan	银行	689	10.76	0.136	218.6	18.81	654	10.33	35	18.74	− 8.410	0.001
MMC	银行	689	0.842	0.396	0.991	0.128	654	0.991	35	0.992	− 0.001	0.976
EDUCATION	省份	689	0.162	0.047	0.455	0.096	654	0.165	35	0.113	0.052	0.002
AGE	省份	689	0.758	0.306	0.839	0.040	654	0.760	35	0.806	− 0.047	0.004
INTERNET	省份	689	0.473	0.068	0.778	0.148	654	0.470	35	0.538	− 0.068	0.008
4. 控制变量												
SIZE	银行	689	13 919	90.03	236 639	33 604	599	15 865	90	968.4	14 897	0.000
BRANCH	银行	689	0.081	0.008	0.366	0.055	654	0.081	35	0.080	0.001	0.942
NCITY	银行	689	42.28	1	341.0	88.36	654	44.22	35	6.143	38.07	0.012
HHI	银行	689	0.177	0.074	0.606	0.072	654	0.178	35	0.155	0.022	0.074
PINC	银行	689	25 765	10 954	54 305	8 809	654	25 891	35	23 422	2 470	0.106
POP	银行	689	830.7	106	3 392	564.1	654	850.2	35	466.6	383.6	0.000
NFIRM	银行	689	4 541	223	18 792	3 320	654	4 648	35	2 523	2 126	0.000

注：变量的定义和单位见表 4 - 1。变量以 2002 年为基期使用消费者价格指数进行了调整。liquidity 的最大值(1.061)已经使用第二大值(0.933)进行了 Winsor 处理。Online = 1 的子样本是在样本期前和样本期后开通网络业务的银行，Online = 0 的子样本是在样本期末开通网银的银行。

和NPL在样本期间内并未发生显著的变化。从图4-2还可以看出,银行的风险指标在2008年金融危机后并未出现大幅恶化的情况,资本充足率和不良贷款率指标还出现了一定改善。因此,在分析电子银行开通对银行绩效影响的时候,一定程度上排除了金融危机对银行风险的影响。

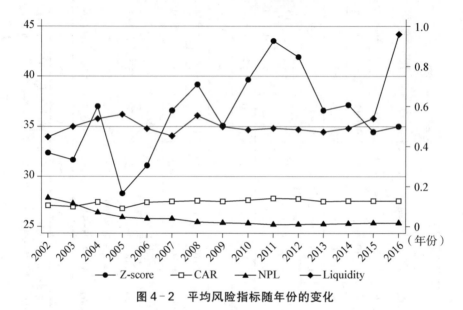

图4-2　平均风险指标随年份的变化

注:左侧是Z-score的坐标轴,右侧是其他风险指标的坐标轴。

4.2.6　网上银行

本章采用一个虚拟变量ONLINE作为银行开通网银与否的变量。当银行i在第j年开通了网银,则ONLINE取值为1,否则取值为0。当银行开通网上银行后,能够给客户提供基本的网上渠道服务:①账户查询和维护;②转账汇款;③自助账单和信用卡还款;④投资理财;⑤零售和企业银行交易;⑥生活缴费等。

图4-3显示了样本中开通网上银行的比率在样本区间内的变化。开通网银的银行数量在样本初期缓慢上升,但是在2007年以后快速增加。样本中开通网银业务的银行占比由2007年的21%增加到2016年

的 96%。从表 4-2 中可以看出，87% 的样本观测值变量 ONLINE 的取值为 1。

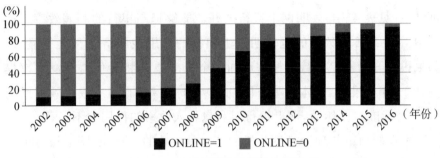

图 4-3 ONLINE 随时间的变化趋势

表 4-2 的右边分别汇总了开通网银和未开通网银的银行样本的描述性统计结果。总体上来看，开通网银的银行比未开通网银的银行有更高的效率水平。然而，这些差异有可能是受到混合因素的影响。因此，本章下面的内容将控制银行的异质性和选择效应，更加具体地分析实证模型的结果。

4.3 实证结果分析

本节首先分析了网上银行对银行效率和风险作用的基准结果，并进行了一系列的稳健性检验，然后考察了网上银行对银行绩效影响的异质性效应。

4.3.1 基准结果

表 4-3 汇总了网上银行对银行效率和风险影响的基准回归结果。广义残差 GR 的系数在列(1)和(4)中显著为负，在列(5)中显著为正。这表明存在其他遗漏变量影响着银行的网银开通决策。表中结果也表明了控制函数法使用的合理性。

从列(2)和(4)的结果中可以看出，ONLINE 的系数在成本效率模型中显著为负,在非利息收入效率模型中显著为正。这说明,尽管网上银行降低了银行的成本效率,却带来了非利息收入效率的提升。另外,列(1)利润效率模型中 ONLINE 的系数不显著,但是本章后面的实证结果(见表 4-4)表明网上银行的开通能够提高银行的利润效率。模型中 ONLINE 系数的值也表明网上银行的作用在经济意义上很显著。如果银行开通网上银行的概率增加一个标准差[①],将会使得利润效率提高 0.15 个标准差,成本效率下降 0.09 个标准差,非利息收入效率增加 0.26 个标准差。然而,网上银行对利息收入效率的作用并不显著。

本章的结论与理论模型分析的结果是一致的。首先,网上银行可以通过增加费用收入提高银行的利润。网银的开通也会增加网上渠道贷款的数量,增加贷款服务费用。其次,实证结果表明网上银行对利息收入效率并没有显著影响,说明网上银行并不能带来利息收入的增加,这可能因为网上银行增加了银行之间的竞争强度,抵消了网上银行所带来的收益。最后,开通网上银行会增加银行的成本,因为提供网银服务会增加营销成本和人力成本。

实证结果表明网上银行对利润效率具有正向影响,与现有文献基于意大利(Ciciretti et al.,2009)、西班牙(Hernando and Nieto,2007)、美国(DeYoung et al.,2007;Pana et al.,2015)以及土耳其(Onay and Ozsoz,2013)的样本结果是一致的。DeYoung 等(2007)、Ciciretti 等(2009)以及 Onay 和 Ozsoz(2013)也发现网上银行能够通过增加非利息收入的方式提高银行利润,这和本章的实证结果也是一致的。另外,实证结果中所发现的网上银行的成本效应也与 DeYoung 和 Duffy(2004)以及 DeYoung 等(2007)的结果是一致的。

列(5)~(8)汇总了网上银行开通与银行风险之间的关系。ONLINE 的系数在列(5)中显著为负,在列(7)中显著为正。如果银行开通网上银行的概率增加 1 个标准差会导致银行的 Z-score 下降 0.23 个标准差,NPL 增加 0.23 个标准差。然而,列(6)和(8)的结果表明网

---

① 网上银行开通概率的标准差为 0.2048。

表 4 - 3　基准结果

	(1) PE	(2) CE	(3) IIE	(4) NIE	(5) Z-score	(6) CAR	(7) NPL	(8) liquidity
ONLINE	0.064 (0.041)	-0.014* (0.008)	0.0675 (0.106)	0.143** (0.071)	-19.460** (5.59)	-0.004 (0.006)	0.027** (0.010)	-0.017 (0.017)
lnSIZE	0.017*** (0.005)	0.001 (0.002)	0.001 (0.003)	0.004 (0.004)	5.932*** (0.460)	0.001 (0.001)	0.0018 (0.002)	-0.067** (0.018)
BRANCH	0.197*** (0.074)	-0.101** (0.029)	0.207** (0.096)	0.216* (0.117)	-63.270 (63.19)	-0.044 (0.062)	0.053 (0.038)	-0.614** (0.039)
lnNCITY	-0.020*** (0.006)	-0.0012 (0.002)	-0.008 (0.005)	-0.011* (0.004)	-0.084 (1.041)	-0.001 (0.002)	-0.003 (0.003)	0.033*** (0.004)
HHI	0.015 (0.053)	-0.018 (0.015)	-0.006 (0.035)	-0.087 (0.057)	16.190* (9.127)	-0.004 (0.006)	-0.016** (0.006)	0.059 (0.057)
lnPINC	-0.042 (0.028)	-0.004 (0.005)	-0.015 (0.013)	0.007 (0.008)	5.023*** (1.785)	-0.003 (0.006)	0.0011 (0.003)	0.022 (0.04)
lnPOP	0.006 (0.007)	0.0012 (0.002)	0.006 (0.006)	-0.023** (0.008)	3.982*** (0.730)	-0.004** (0.001)	-0.001 (0.001)	-0.033* (0.018)
lnNFIRM	-0.009*** (0.002)	0.002 (0.002)	0.005** (0.002)	0.011*** (0.001)	0.560 (0.508)	0.002** (0.001)	-0.002** (0.001)	0.027*** (0.007)

（续表）

	(1) PE	(2) CE	(3) IIE	(4) NIE	(5) Z-score	(6) CAR	(7) NPL	(8) liquidity
GR	-0.046* (0.024)	-0.005 (0.005)	-0.049 (0.062)	-0.092** (0.039)	9.377** (3.786)	0.001 (0.003)	-0.003 (0.004)	-0.002 (0.079)
year FE	√	√	√	√	√	√	√	√
bank-type FE	√	√	√	√	√	√	√	√
bank-type Trend	√	√	√	√	√	√	√	√
observations	557	557	557	537	545	545	557	486

注：被解释变量显示在每列的顶端。括号内为在银行类型水平上聚类的标准误。*** 表示 1% 的显著性水平，** 表示 5% 的显著性水平，* 表示 10% 的显著性水平。

上银行的开通对 CAR 和 liquidity 没有显著影响。

实证结果为网上银行对银行风险的影响渠道提供了一些新的角度。首先，与 Ciciretti 等（2009）的发现不同，列（7）的结果表明网上银行的开通会提高银行的信用风险。开通网上银行后，银行在发放贷款的时候更多地通过硬信息进行审核，导致信用风险的上升。其次，网上银行开通所带来的信用风险会间接导致备付金的减少，使银行的偿付风险增加。当信用风险增加时，银行会根据资金的成本调整自身的资金准备（Jokipii et al.，2011）。最后，并没有证据表明网上银行的开通会影响银行的流动性风险。总之，实证结果表明网上银行对银行风险和收益都有一定的影响。

此外，控制变量的符号也是非常合理的。其中，列（1）和列（5）中 lnSIZE 的系数显著为正，说明银行的资产规模越大，利润效率越高，偿付能力越强。与 Cheng 等（2016）的研究结果一样，我们也发现大银行的流动性比率更低。BRANCH 的系数在利润效率模型、利息收入效率模型和非利息收入效率模型中显著为正，在成本效率模型中为负。这表明银行的实体分支机构越多，会有更高的利息收入和非利息收入，但也会产生更高的成本。在列（1）、（4）和（8）中，lnNCITY 的系数显著为负，说明地理多元化会降低银行的效率，这也和 Berger 等（2010）的结论是一致的，但是地理多元化的银行有更低的流动性风险。列（2）的 HHI 系数是负的，列（5）的系数是正的。市场能力越强的银行有更高的偿付能力和更低的信用风险，这也和 Hicks（1935）提出的平静生活假说①是一致的。在这里，我们不再具体讨论三个宏观变量指标，因为这些变量有着相关性且只是作为衡量经济发展的控制变量。

---

① 平静生活假说是指，如果银行具有较强的市场势力或者占有较大的市场份额，银行经理人并不会以利润最大化作为经营目标，而是关注如何通过设定较为有利的价格水平，借此享受一种平静的生活。因此，有市场势力的银行会限制贷款数量，并拒绝一些具有潜在价值的贷款项目，从而导致利润降低，效率下降。

4.3.2 稳健性检验

1）银行效率的替代指标

在本小节，我们根据银行每年的效率水平得到效率的排名，并以此作为被解释变量（Berger et al.，2009）。银行的效率排名指标根据公式 $(\text{order}_{it} - 1)/(n_t - 1)$ 得到，其中 order_{it} 是银行 i 在第 t 年根据升序排列的顺序，n_t 是第 t 年样本中银行的数量。根据公式可知，银行的效率排名值在区间[0,1]内，效率最低的银行的效率排名得分为0，效率最高的银行的效率排名得分为1。

尽管银行的效率水平指标比效率排名指标在衡量与绩效最好的银行的距离上更为精确，但效率排名指标具有便于在不同时间内进行比较的优点。效率排名指标在每期内都服从相同的[0,1]均匀分布，然而效率水平指标的分布却可能因为宏观经济环境的不同随时间发生变化。我们使用效率排名指标作为被解释变量估计方程(4-4)。表4-4汇总了效率排名指标的回归结果。从结果上看，ONLINE 的系数与基准结果的系数是一致的。

2）银行风险的替代指标

本小节使用银行风险的替代指标作为被解释变量检验基准结果的稳健性。Fang 等（2014）指出，测算银行的相对偿付能力（即一个银行与偿付能力最强的银行的差距）是非常有用的。由于不同银行的投入和产出结构差异很大，银行的 Z-score 并不能充分地测度不同银行间的偿付能力差异。因此，我们使用随机前沿方法估计了 Z-score 的效率值，以便充分地刻画银行间偿付能力的相对差异。表4-4 Panel A 列(5)报告了 Z-score 效率的估计结果，与表4-3的基准结果是一致的。

3）增加控制变量

我们在基准回归模型中加入了 PINC、POP、NFIRM 的交互项和二次项作为控制变量。表4-4 Panel B 汇总了加入控制变量后的结果。可以看出，稳健性检验的结果与表4-3的基准结果是一致的。

表 4-4　稳健性检验：银行效率排名指标

	(1) PE	(2) CE	(3) IIE	(4) NIE	(5) XZ-score	(6) CAR	(7) NPL	(8) liquidity
Panel A 替代性指标								
ONLINE	0.158* (0.094)	-0.171** (0.083)	0.134 (0.155)	0.303* (0.165)	-0.200*** (0.039)			
observations	557	557	557	537	545			
Panel B 增加控制变量								
ONLINE	0.065* (0.039)	-0.010 (0.006)	0.066 (0.142)	0.139* (0.077)	-19.360*** (5.685)	-0.003 (0.005)	0.028*** (0.0003)	-0.018 (0.022)
observations	557	557	557	537	545	545	557	486
Panel C 动态效应								
ONLINE	-0.006 (0.055)	0.004 (0.011)	0.086 (0.084)	0.182** (0.078)	-20.690*** (7.696)	-0.006 (0.009)	0.007 (0.013)	-0.060*** (0.015)
ONLINE ($t+1$ & $t+2$)	0.061** (0.025)	-0.013 (0.01)	-0.027 (0.043)	-0.044*** (0.016)	1.135 (2.778)	0.0005 (0.004)	0.004 (0.011)	0.085*** (0.028)
ONLINE ($t+3$ & $t+4$)	0.079** (0.032)	-0.016*** (0.005)	0.005 (0.034)	-0.036 (0.029)	1.785 (1.673)	0.006 (0.004)	-0.005 (0.011)	0.050 (0.031)
ONLINE ($\geq t+5$)	0.072** (0.031)	-0.013*** (0.004)	-0.010 (0.029)	-0.043** (0.022)	0.902 (2.930)	-0.0003 (0.002)	-0.004 (0.011)	0.017* (0.01)
observations	557	557	557	537	545	545	557	486

（续表）

Panel D 工具变量法估计

	(1) PE	(2) CE	(3) IIE	(4) NIE	(5) XZ-score	(6) CAR	(7) NPL	(8) liquidity
ONLINE	0.511*** (0.166)	−0.006 (0.041)	0.235* (0.126)	0.534 (0.449)	16.550 (11.15)	0.023 (0.031)	−0.142*** (0.042)	−0.348** (0.150)
over-identification (p-value)	0.783	0.431	0.518	0.122	0.177	0.081	0.403	0.120
under-identification (p-value)	0.000	0.000	0.000	0.152	0.000	0.000	0.000	0.000
weak-identification (F-stat)	8.852	8.852	8.852	1.809	7.661	7.661	8.852	8.822
10% maximal IV size	19.93	19.93	19.93	19.93	19.93	19.93	19.93	19.93
observations	679	679	679	654	660	660	679	568
control variables	√	√	√	√	√	√	√	√
year FE	√	√	√	√	√	√	√	√
bank-type FE	√	√	√	√	√	√	√	√
bank-type trend	√	√	√	√	√	√	√	√

注：被解释变量在每列的顶部。控制变量包括 lnSIZE、BRANCH、lnNCITY、HHI、lnPCGDP、lnPOP、lnNFIRM 和 GR。Panel D 中工具变量模型中的工具变量为 MMC、商业银行贷款与个人贷款的比值。在第一阶段，business/consumer 的系数显著为负，而 MMC 的系数不显著。括号内为在在银行类型水平上聚类的标准误。*** 表示 1% 的显著性水平，** 表示 5% 的显著性水平，* 表示 10% 的显著性水平。

4）网上银行的动态效应

网上银行的开通对银行效率和绩效的影响是逐渐发生的，在短期和长期可能会有不同的表现。比如，Hernando 和 Nieto（2007）发现网上银行在开通 1 年半后才开始降低银行的营运成本。为了考察网上银行的动态效应，我们在实证模型中同时加入了衡量网上银行短期效应和长期效应的变量。模型的设定如下：

$$\text{efficency}_{it}\,\text{Risk}_{it} = \alpha_0\,\text{ONLINE}_{it} + \alpha_1\,\text{ONLINE}_{it-12}$$
$$+\alpha_2\,\text{ONLINE}_{it-34} + \alpha_3\,\text{ONLINE}_{it-5+}$$
$$+X_{it}\beta + \gamma\text{GR}_{it} + \eta_t + \eta_b + \eta_b \times t + e_{it} \qquad (4-5)$$

其中，ONLINE_{it-12} 在网上银行开通 1 年或 2 年时取值为 1，否则取值为 0；ONLINE_{it-34} 在网上银行开通 3 或 4 年时取值为 1，否则取值为 0；ONLINE_{it-5+} 在网上银行开通 5 年以上取值为 1，否则取值为 0。系数 α_0 可以表示网上银行开通当年对银行效率和风险的影响。系数 $\alpha_0 + \alpha_1(\alpha_0 + \alpha_2)$ 表示网上银行开通 1～2 年（3～4 年）时对银行绩效的影响。系数 $\alpha_0 + \alpha_3$ 则表示网上银行开通 5 年以后对银行绩效的长期影响。

表 4-4 中 Panel C 汇总了方程（4-5）的实证结果。从系数的值可以看出，网上银行对银行利润效率的正向作用需要一定时间才会显现。而网上银行对非利息收入效率、Z-score 和 liquidity 的影响在网银开通的当年就能产生。另外，长期效应的影响（$\alpha_0 + \alpha_3$）与基准模型的结果也是一致的。

5）工具变量法的稳健性检验

为了考察本章基准结果所用方法的稳健性，本小节使用工具变量法进行了稳健性检验。估计方程如下：

$$\text{efficency}_{it}\,\text{Risk}_{it} = \alpha_0 + \alpha_1\,\widehat{\text{ONLINE}}_{it} + X_{it}\beta + \eta_t + \eta_b + \eta_b \times t + \varepsilon_{it}$$
$$(4-6)$$

在估计方程（4-6）的时候，我们用第一阶段得到的 ONLINE 的拟合概率 $\widehat{\text{ONLINE}}_{it}$ 代替 ONLINE。在第一阶段，我们以 MMC 和 business/

consumer loan 作为工具变量，即 $Z_{it} = \{ MMC_{it} ; business/consumer loan_{it} \}$。由于工具变量法具有稳健性的特点，模型 $P(ONLINE_{it} = 1 \mid X_{it}, Z_{it})$ 并不要求一定是正确设定的。因此，Z_{it} 中的变量可能会比控制函数法估计的结果小。

表 4 - 4 中 Panel D 汇总了方程(4 - 6)的回归结果。可以看出，列(1)～(4)和列(8)中 $\widehat{ONLINE}$ 的系数与表 4 - 3 中的结果是一致的。然而，列(7)中 $\widehat{ONLINE}$ 的系数统计上显著且与基准结果的符号相反。工具变量法中，尽管过度识别假设和识别不足假设检验的原假设都被拒绝了，但是弱工具变量检验的原假设无法被拒绝[①]。因此，我们更倾向于将控制函数法作为控制内生性问题的方法。

6) 样本选择的稳健性检验

在我们的样本中，每期的样本数随着年份增长不断增加。为了检验基准回归的结果是否受样本选择的影响，本小节对样本进行了筛选，进行样本选择的稳健性检验。从直觉上来说，Bankscope 全球银行数据库收录的银行样本与银行的效率和风险无关，因此不同的样本对实证结果的影响应该不会很大。为了验证我们的直觉，本小节将一个银行在样本中存在的观测值数量分成三个子样本：①样本中所有银行的观测值个数大于等于 3；②样本中所有银行的观测值个数大于等于 4；③样本中所有银行的观测值个数大于等于 5。表 4 - 5 汇总了样本选择稳健性检验的结果。结果与我们的直觉一致，ONLINE 的系数与基准结果一致。

7) 安慰剂检验

为了考察基准回归结果是否被一些遗漏变量所影响，本小节进行了一个安慰剂检验。我们将银行开通网上银行的时间打乱，随机分配到样本的银行中。由于网银开通的时间是随机分配的，因此 PLACEBO-ONLINE 的影响应该是不显著的且系数的估计值接近于 0。否则，基准模型有可能设定有误。

---

① 第一阶段估计中，business/consumer loan 的系数显著为负，而 MMC 的系数不显著。

表 4 - 5　样本选择的稳健性检验

	(1) PE	(2) CE	(3) IIE	(4) NIE	(5) Z-score	(6) CAR	(7) NPL	(9) liquidity
Panel A Stay≥3 years								
ONLINE	0.055 (0.046)	-0.011 (0.008)	0.064 (0.089)	0.118 (0.082)	-18.41*** (6.371)	-0.002 (0.006)	0.028 (0.385)	-0.024 (0.016)
observations	548	548	548	528	536	536	548	478
Panel B Stay≥4 years								
ONLINE	0.064 (0.045)	-0.014* (0.008)	0.079 (0.053)	0.114 (0.095)	-17.60*** (5.783)	-0.003 (0.006)	0.025*** (0.007)	-0.049*** (0.017)
observations	528	528	528	509	517	517	528	465
Panel C Stay≥5 years								
ONLINE	0.0783 (0.053)	-0.011 (0.008)	0.022 (0.083)	0.110** (0.048)	-22.100*** (9.898)	-0.006 (0.006)	0.025*** (0.002)	-0.072*** (0.023)
observations	471	471	471	455	462	462	471	424
control variables	√	√	√	√	√	√	√	√
year FE	√	√	√	√	√	√	√	√
bank-type FE	√	√	√	√	√	√	√	√
bank-type trend	√	√	√	√	√	√	√	√

注：被解释变量显在每列的顶端。控制变量包括 lnSIZE，BRANCH，lnNCITY，HHI，lnPCGDP，lnPOP，nNFIRM 和 GR。括号内为在银行类型水平上聚类的标准误。*** 表示 1% 的显著性水平，** 表示 5% 的显著性水平，* 表示 10% 的显著性水平。

我们使用 PLACEBO-ONLINE 作为核心解释变量估计方程(4-4)。为了增加安慰剂检验的识别能力,该过程被重复了 250 次。图 4-4 给出了 PLACEBO-ONLINE 系数估计结果的分布情况。从图中可以看出,PLACEBO-ONLINE 的系数明显地以 0 为中心服从正态分布。而且 PLACEBO-ONLINE 系数的中位数(均值)等于 0 的原假设无法被拒绝。这表明安慰剂变量 PLACEBO-ONLINE 对银行效率和风险没有显著影响。

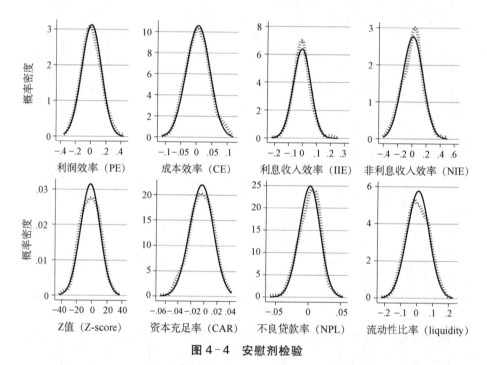

图 4-4 安慰剂检验

注:PLACEBO-ONLINE 的系数中值为 0 的原假设的 p 值分别为(从左上到右下):0.614 (PE)、0.397(CE)、0.130(IIE)、0.256(NIE)、0.343(Z-score)、0.950(CAR)、0.114(NPL)和 0.950(liquidity)。PLACEBO-ONLINE 的系数均值为 0 的原假设的 p 值分别为(从左上到右下):0.152(PE)、0.103(CE)、0.248(IIE)、0.702(NIE)、0.302(Z-score)、0.404(CAR)、0.399 (NPL)和 0.380(liquidity)。

4.3.3 异质性作用

本节着重探讨网上银行对银行绩效和风险影响的异质性。通过对网银异质性的探讨,可以得出重要的政策含义,即银行如何充分利用网上银行的优势,获得最大的收益。本节考察网银异质性作用的模型如下:

$$efficency_{it} Risk_{it} = \alpha_0 + \alpha_1 ONLINE_{it} + \alpha_2 ONLINE_{it} \times SOURCE_{it}$$
$$+ X_{it}\beta + \gamma GR_{it} + \eta_b + \eta_t + \eta_b \times t + e_{it} \qquad (4-7)$$

方程(4-7)包括一系列与基准模型相同的控制变量 X、银行类型固定效应、年份固定效应、银行类型固定趋势以及控制函数的广义残差项 GR。我们关注的是 $ONLINE_{it} \times SOURCE_{it}$ 的系数 α_2。SOURCE 包括几个衡量异质性的变量,其具体含义将会在下文介绍。

1) 管理能力

首先,令 SOURCE = managerial ability(MA),考察网上银行对银行绩效的影响是否受管理能力的影响。Demerjian 等(2012)认为企业的总效率既包括企业层面的效率,也包括管理者能力层面的效率,并通过对企业总效率与影响企业效率的变量进行回归,得到了企业层面的效率和管理者能力。国内不少学者也采用了 Demerjian(2012)的方法对中国企业的管理者能力进行了研究(张铁铸和沙曼,2014;肖明和李海涛,2017;吴育辉等,2017;姚立杰和周颖,2018)。借鉴 Demerjian 等的思路,我们首先使用 Tobit 模型以利润效率为被解释变量,以方程(4-4)中的银行层面的特征为解释变量进行回归。Tobit 模型得到的残差就是由银行的管理能力所带来的利润效率。因此,可以用 Tobit 回归得到的残差作为银行管理能力的代理变量。

表 4-6 中 Panel A 汇总了管理能力异质性的结果。列(5)、(6)和(8)中 ONLINE×MA 的系数显著为正。这表明管理水平越高的银行越有能力利用网上银行提升银行的流动性水平。由于管理能力强的银行有更多的流动性,因此银行可以产生更多的利润,也更可能利用网上银行增加资本充足率并降低偿付风险。

表 4 - 6　银行异质性回归结果

	(1) PE	(2) CE	(3) IIE	(4) NIE	(5) Z-score	(6) CAR	(7) NPL	(8) liquidity
Panel A								
ONLINE	0.065	-0.008***	0.048	0.167	-19.220***	-0.002	0.026***	0.002
	(0.041)	(0.002)	(0.141)	(0.284)	(6.336)	(0.005)	(0.007)	(0.029)
ONLINE X MA	-0.016	0.026	0.015	-0.171	68.700***	0.066***	0.006	0.182**
	(0.031)	(0.019)	(0.151)	(0.438)	(3.251)	(0.008)	(0.008)	(0.072)
Panel B								
ONLINE		-0.012***	0.068	0.142*	-19.340***	-0.004	0.005	-0.024
	(0.041)	(0.004)	(0.114)	(0.074)	(5.521)	(0.006)	(0.006)	(0.017)
ONLINE X foreign	-0.016	0.041***	-0.026	0.007	-0.407	0.018***	-0.003	0.132***
	(0.031)	(0.012)	(0.041)	(0.054)	(3.783)	(0.007)	(0.009)	(0.034)
Panel C								
ONLINE	0.022	-0.004	0.008	0.185	-22.040**	-0.015	0.019**	-0.209***
	(0.074)	(0.012)	(0.044)	(0.157)	(9.357)	(0.009)	(0.009)	(0.057)
ONLINE	0.015	-0.002	0.012	-0.021	1.064	0.004***	0.002	0.077***

（续表）

	(1) PE	(2) CE	(3) IIE	(4) NIE	(5) Z-score	(6) CAR	(7) NPL	(8) liquidity
X (employee/asset)	(0.012)	(0.003)	(0.012)	(0.013)	(1.834)	(0.001)	(0.003)	(0.019)
Panel D								
ONLINE	-0.161*** (0.033)	0.0149 (0.024)	-0.072* (0.042)	-0.051 (0.046)	-18.780** (7.637)	-0.032 (0.021)	0.029 (0.019)	-0.149*** (0.056)
ONLINE	0.234*** (0.029)	-0.031 (0.025)	0.149*** (0.035)	0.184*** (0.048)	0.882 (9.529)	0.031 (0.020)	-0.026 (0.019)	0.142*** (0.053)
X 1{CCB or RCB}								
Panel E								
ONLINE	0.056* (0.034)	-0.007 (0.006)	0.052 (0.098)	0.122 (0.115)				
ONLINE	0.0003 (0.0002)	-0.0001** (5.34e-05)	0.0005** (0.0002)	1.44e-05 (0.0004)				
X Z-score(t-1)								
Panel F								
ONLINE	0.073 (0.049)	-0.006 (0.004)	0.078 (0.108)	0.135 (0.116)	-19.120** (8.753)	0.001 (0.006)	0.024*** (0.003)	-0.004 (0.034)

（续表）

	(1)	(2)	(3)	(4)	(5)	(6)	(7)	(8)
	PE	CE	IIE	NIE	Z-score	CAR	NPL	liquidity
ONLINE	-0.004	-0.002***	-0.007***	-0.005	-0.177	-0.003**	0.0002	-0.006
X≠ONLINE	(0.006)	(0.0003)	(0.002)	(0.007)	(1.971)	(0.001)	(0.0008)	(0.011)
control variables	√	√	√	√	√	√	√	√
year FE	√	√	√	√	√	√	√	√
bank-type FE	√	√	√	√	√	√	√	√
bank-type trend	√	√	√	√	√	√	√	√
observations	557	557	557	537	545	545	557	486

注：被解释变量置在每列的顶部。控制变量包括 lnSIZE、BRANCH、lnNCITY、HHI、lnPCGDP、lnPOP、lnNFIRM 和 GR。括号内为在银行类型水平上聚类的标准误，*** 表示 1% 的显著性水平，** 表示 5% 的显著性水平，* 表示 10% 的显著性水平。

其次，我们令 SOURCE = foreign。foreign 是银行是否有外资银行入股的虚拟变量。当一个银行有外资银行入股时，foreign 取值为 1，否则取值为 0。通过这个设定，我们可以考察外资银行投资者是否影响网上银行对银行绩效的作用。由于外资银行一般具有先进的管理理念和技术，外资银行入股本土银行后，可能会带来本土银行管理技能的提升。表 4 - 6 中 panel B 汇总了模型的实证结果。从表中可以看出，ONLINE × foreign 的系数在列（2）、（6）和（8）中都为正且统计显著。这表明具有外资银行投资者的银行更有能力利用网上银行提高成本效率，增加银行流动性，进而提升资本充足率。我们的结果也与现有文献中外资银行入股对银行效率影响的研究结果一致（如 Berger et al. ，2009；Jiang et al. ，2013；Sun et al. ，2013）。

2）劳动力密集程度

本小节令 SOURCE = employee/asset 来衡量银行的劳动力密集程度。通过该设定，我们可以考察劳动密集程度对网上银行作用的影响。表 4 - 6 中 Panel C 汇总了模型的实证结果。列（6）和（8）中 ONLINE ×（employee ÷ asset）的系数显著为正，表明劳动力更密集的银行流动性水平的下降程度要低于其他银行。尽管网上银行有可能降低客户的忠诚度（DeYoung et al. ，2007），但充足的人力资源可以保留更多的存款客户，减少网上银行对资本充足率的负面影响。

3）银行类型异质性

在我们的样本中共有四种类型的银行，即大型国有银行、股份制银行、城市商业银行和农村商业银行。令 SOURCE = 1{CCB or RCB}，若银行为城市商业银行或农村商业银行，则 SOURCE 取值为 1，否则取值为 0。表 4 - 6 中 Panel D 汇总了银行类型异质性的实证结果。从表中可以看出，列（1）、（3）、（4）和（8）中 ONLINE × 1{CCB or RCB}的系数显著为正。这说明，规模较小的银行更有可能通过网上银行获得高收益，降低流动性风险，增加资本充足率。在采纳网上渠道之前，银行之间主要通过实体网点的扩张进行竞争。开通网上银行渠道后，中小银行能够通过网上渠道参与市场竞争，充分利用网上渠道的特点，在竞争中发掘自身优势,扩大市场份额。因此,网上银行能够成为中小银行和大银行竞争的重要优势。

另外,银行的异质性还体现在其特许权价值的差异上,因为特许权价值能够影响银行的风险承担行为(Keeley,1990)。网上银行的开通需要一定的固定投资,如果投资得不到足够的收益,银行就可能面临着更高的偿付风险。具有较高偿付能力的银行一般拥有较高的特许权价值,也使得这些银行开通网上银行的决策更为保守。令 SOURCE = Z-score($t-1$),SOURCE 与银行特许权价值是正相关。表 4-6 中 Panel E 汇总了实证结果。SOURCE = Z-score($t-1$)的系数在列(2)显著为负,在列(3)显著为正,说明具有更高特许权价值的银行能够从网上银行获得更多的利息收入,但会带来更高的成本。

4)电子银行的内容丰富程度

随着互联网时代的到来,智能手机得到广泛普及。银行业也开始将网上银行服务延伸到手机终端,开通了手机银行业务和微信银行业务,为客户提供层次不同、内容丰富的网上银行服务。我们将手机银行和微信银行看作网上银行服务的新内容,构造了变量♯ONLINE。当银行分别开通 1 种、2 种和 3 种网银服务渠道时,♯ONLINE 的取值分别为 1、2、3;没有开通网银服务时,取值为 0。事实上,银行开通 3 种渠道的顺序通常是先开通网上银行再开通手机银行,最后才开通微信银行。图 4-5 显示了♯ONLINE 在各年份所占的比例情况。从图中可以看出,2011 年以后,随着手机终端的发展,越来越多的银行开始提供手机银行和微信银行服务。2016 年,拥有 2 种和 3 种网上银行渠道的银行占比分别为 21% 和 67%。

令 SOURCE = ♯ONLINE 来衡量网上银行的丰富程度。表 4-6 中 Panel F 汇总了银行丰富程度对银行绩效影响的结果。可以看出,ONLINE× ♯ONLINE 的系数在列(2)、(3)和(6)中显著为负。这表明开通网上银行的不同渠道会增加市场营销成本(DeYoung and Duffy 2004),增加网银渠道的维护成本和人力成本(DeYoung et al.,2007)。网上银行渠道的丰富并未提高利息收入,可能是开通网银的银行之间的

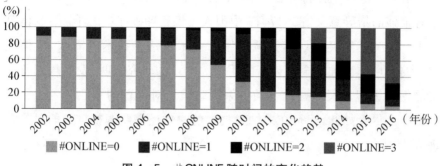

图 4-5　♯ONLINE 随时间的变化趋势

激烈竞争造成的。而资本充足率的降低可能是由于更低的留存收益。总之,开通多种网上银行渠道的银行并未从中获得较大收益,网上银行渠道的丰富程度只是起到了基本竞争工具的作用,而没有成为银行的竞争优势。

4.4　本章结论

本章基于中国银行业的数据考察了电子银行渠道对银行绩效的影响。本章研究结果发现,电子银行的开通受银行规模、财务表现、商业策略、市场竞争、社会经济状况的影响。实证结果发现电子银行的开通能够提高银行的利润效率。尽管电子银行降低了银行的成本效率,但是提高了银行的非利息收入效率。因此,银行利润效率的提高主要通过非利息收入的增加实现。在风险管理方面,电子银行会降低银行的贷款质量,同时也会增加银行的偿付风险。总而言之,电子银行的开通在增加银行收益的同时也带来了较高的风险。电子银行所带来的风险—收益效应存在管理能力、劳动力密集程度、资产规模以及特许权价值等不同的异质性。然而,电子银行渠道的丰富程度并不能带来更高的收益,只是银行相互竞争的一个工具而已。本章对结果也进行了一系列的稳健性检验,包括可替代变量检验、替代模型设定检验、遗漏变量偏差以及样本选择检验,再一次证明了研究结果的稳健性。

研究结论对于银行业权衡信息技术所带来的风险与收益之间的关系有很强的指导意义。2017 年,中国人民银行印发了《中国金融业信息技术"十三五"发展规划》,强调了银行业采用信息技术的需求,将信息技术的利用作为推动金融创新的手段。本章的研究表明,发展规划所提出的促进银行发展金融技术的一系列政策已对银行的绩效产生了积极的影响。尽管如此,银行在采纳新技术的时候还需要调整自身的风险管理方式。

第 5 章　银行跨区域经营的特点与影响因素

第 4 章探讨了以网上银行为代表的银行渠道创新如何影响银行的经营绩效。接下来将着重探讨移动互联时代银行传统渠道的发展特点以及跨区域经营对银行绩效的影响。

中国银行业的现有格局是银行不断设立、兼并与竞争的结果。经过几十年的发展,中国银行业形成了全国性大银行、大型股份制银行、城市商业银行以及农村商业银行并存的行业格局。为了开拓市场,增强自身竞争力,许多资产规模较大的银行以总行为基础,走上了银行网点跨区域经营的道路。银行进行跨区域经营的模式主要有两种:第一种是在异地设立分支机构;第二种是合并重组异地的银行(魏世杰,2010)。大型国有银行在成立之初就开始在全国范围内设立分支机构,开始了跨区域经营。而数目庞大的中小银行则由于政策限制,无法像大银行一样实施跨区域经营战略。2006 年中国银监会出台了《城市商业银行异地分支机构管理办法》,允许城市商业银行进行跨区域经营。根据该管理办法,银行要在公司治理结构、内部控制状况、资产规模、贷款质量等方面满足相应条件后才可以设立异地分支机构[①]。因此,在 2009 年之前,能够进行跨区域经营的中小银行

[①] 比如,该办法要求设立异地分支机构的城市商业银行满足以下条件:开业 3 年以上,资产总额不少于 150 亿元人民币;注册资本不少于 5 亿元人民币且为实缴资本,资本充足率不低于 8%,核心资本充足率不低于 4%;不良贷款率连续两年不高于 6%,且最近 2 年不良贷款余额和比例持续下降;在申请之日前连续 2 年盈利,资产利润率不低于 35%,资本利润率不低于 8%,人均资产不低于 1 000 万元。

数量非常少①。中国银监会于 2009 年印发了《关于中小商业银行分支机构市场准入政策的调整意见（试行）》（银监办发〔2009〕143 号），放松了对中小银行异地设立分支机构的限制。随着 143 号文的出台，中小银行纷纷设立异地分支机构，出现了跨区域经营的热潮。本章通过实证数据考察中国银行业跨区域经营的特点以及影响银行跨区域经营的因素，并试图探究银行跨区域经营未来的发展模式。

5.1 银行跨区域经营模式的特点

银行通过跨区域经营可以运用规模经济，增加银行的价值（Gertner et al.，1994；Berger et al.，1999），提高内部资本市场效率（Houston et al.，1997；Kuppuswamy et al.，2010），分散银行风险。在异地设立分支机构的银行能够扩大存款基础，带来新的投资机会；通过并购方式实施跨区域经营的银行可以产生协同效应（Flechsig，1965）和技术外溢效应。跨区域经营的这些优势成为商业银行实施跨区域经营战略的重要动机。然而，跨区域经营也会带来银行总部与异地分支机构之间的代理问题。由于地理距离的限制，银行总部很难完全监督异地分支机构的经营与决策。公司治理的文献表明，由于中小股东很难监管企业的经营战略，公司内部人员有很强的动机从跨区域经营的企业中攫取个人利益（Jensen，1986；Jensen et al.，1986；Jensen et al.，1990；Scharfstein et al.，2000）。即使银行在某些地区的跨区域经营并不能够增加银行价值，公司内部人员也可能为了增加个人的利益而推动银行总部在该地区设立分支机构。由于跨区域经营对银行绩效的影响利弊兼有，银行在选择跨区域经营时会根据自身条件采取不同的扩张策略。

---

① 哈尔滨银行在 2004 年收购双鸭山市城市信用社，并在此基础上成立了全国城市商业银行第一家异地分行——双鸭山分行，开辟了中国城市商业银行以并购方式设立异地分行的先河。2005 年安徽省内 5 家城市商业银行和 7 家城市信用社合并重组为徽商银行。2006年，北京银行和上海银行分别设立异地分行。从此，越来越多的中小银行开始实施跨区域经营。

5.1.1　银行网点分布的整体特征

为了更为直观地从整体上了解中国商业银行分支机构的分布特点，本节搜集了中国商业银行网点在各地的分布数量。我们在中国银行保险监督管理委员会网站上共收集得到 337 个地级以上城市的商业银行网点数据，并从时间和空间两个维度刻画中国银行业机构的发展图景。表 5 - 1 显示了 1978—2018 年 337 个地级以上城市商业银行分支机构数量的变化情况。从表中可以看出，商业银行分支机构经历了两个快速扩张时期。第一个是 1987—1998 年，第二个是 2005—2015 年。在第一个时期，中国经济高速发展，但金融业发展还不健全。为了更好地服务于中国经济，银行业开始了大规模的发展与扩张。在第二个时期，中国银行业已经得到了长足的发展，形成了较为健全和完备的金融体系，形成了大型国有银行、股份制银行、城市商业银行和农村商业银行百花齐放的格局。但是，由于国家对银行跨区域经营的政策限制，很多有实力设立异地分支机构的中小银行无法进行跨区域经营。银监会 2006 年发布的《城市商业银行异地分支机构管理办法》和 2009 年发布的《关于中小商业银行分支机构市场准入政策的调整意见（试行）》放松了对中小银行在异地设立分支机构的限制，推动了中小银行跨区域经营的热潮。

表 5 - 1　地级以上城市银行网点数量的描述性统计情况

年份	城市数量	均值	标准差	最小值	最大值	中位数
1978	337	18.472	39.475	0	275	2
1979	337	23.184	42.067	0	278	7
1980	337	27.591	45.699	0	313	10
1981	337	28.359	46.380	0	314	10
1982	337	28.991	47.384	0	319	10
1983	337	29.579	47.885	0	321	11
1984	337	34.789	52.915	0	358	14

（续表）

年份	城市数量	均值	标准差	最小值	最大值	中位数
1985	337	65.033	65.073	0	359	44
1986	337	74.407	69.708	0	361	51
1987	337	90.089	82.948	0	505	65
1988	337	108.116	96.850	0	598	80
1989	337	119.579	107.220	1	663	89
1990	337	127.709	116.023	1	691	98
1991	337	135.555	121.898	1	765	106
1992	337	145.540	129.203	1	806	114
1993	337	160.665	142.953	1	879	122
1994	337	180.056	161.402	1	979	141
1995	337	198.712	177.329	2	1 084	151
1996	337	214.840	197.238	8	1 254	162
1997	337	228.540	212.115	8	1 399	171
1998	337	240.472	226.174	8	1 684	181
1999	337	245.99	234.768	8	1 801	183
2000	337	252.056	242.600	8	1 893	186
2001	337	262.688	251.535	12	1 991	190
2002	337	269.935	259.531	13	2 102	196
2003	337	278.561	268.015	13	2 132	202
2004	337	290.896	278.859	15	2 167	212
2005	337	320.246	328.885	15	2 993	230
2006	337	353.537	349.611	15	3 128	264
2007	337	380.712	366.789	23	3 209	305
2008	337	434.944	443.890	24	4 755	348
2009	337	452.205	456.706	24	4 838	355
2010	337	471.742	478.351	27	4 895	366
2011	337	497.323	495.634	28	4 999	387

（续表）

年份	城市数量	均值	标准差	最小值	最大值	中位数
2012	337	524.950	518.740	29	5 117	414
2013	337	540.804	534.816	29	5 231	429
2014	337	563.196	563.258	31	5 433	439
2015	337	584.671	585.652	33	5 538	455
2016	337	600.246	599.257	33	5 631	466
2017	337	611.356	607.162	34	5 668	472
2018	337	621.237	614.205	34	5 697	482

资料来源：银行网点数据根据中国银行保险监督管理委员会网站金融许可证信息数据库（http://xukezheng.cbrc.gov.cn/ilicence/licence/licenceQuery.jsp）整理得到。

为了更直观地观察商业银行分支机构在地区间的数量分布情况，笔者绘制了银行网点数量的频数分布图（见图 5-1）。图 5-1 显示了 337 个地级以上城市在 1978 年、1988 年、1998 年、2008 年和 2018 年的银行网点数量分布情况。可以看出，商业银行分支机构在城市之间的分布非常不均衡，大部分城市所拥有的商业银行分支机构数量都小于平均值。银行网点集中在少数大城市，而数量众多的中小城市则拥有较少的银行分支机构。

另外，商业银行网点在各地区之间的分布也非常不均衡，并且网点的分布在不同时期也是不一样的。在改革开放初期，商业银行网点数量多的城市主要是东北部和东部的大城市。随着改革开放的不断推进，越来越多的银行网点集中在经济快速发展的东部沿海地区。网点数量与城市的经济活跃度成正相关关系。

5.1.2　银行跨区域经营模式的个体特征

前文阐述了中国银行网点分布的整体特征，接下来将从个体层面分析银行跨区域经营的特征。中国的银行类型可以分为特大国有银行、股份制银行、城市商业银行和农村商业银行。这四大类银行无论是资产规模、股权结构还是业务范围，都有着不同的特征。因此，从个体层面考

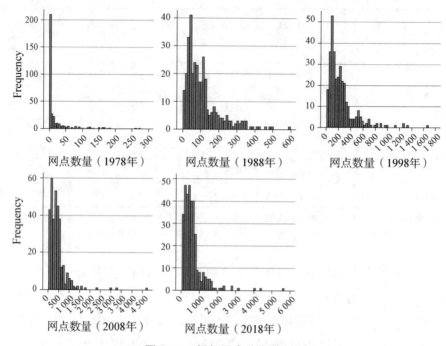

图 5-1　银行网点分布频数图

察银行跨区域经营的特点时,必须考虑不同类别银行之间的异质性和特殊性。唯有如此,才能全面准确地展现出银行跨区域经营模式的特点。

接下来分别从四种类型的银行中选取典型银行对其跨区域经营的模式进行详细分析。四大国有银行由于其服务全国经济建设的定位,从设立之初就开始走上了全国范围内的跨区域经营之路。我们选取中国工商银行作为大型国有银行的代表。其他大型国有银行的网点分布情况和中国工商银行类似。表 5-2 展示了 2002 年、2010 年和 2018 年中国工商银行网点所在的省份数量和城市数量。可以看出,中国工商银行很早就在全国范围内设立了分支机构。2000 年之后,中国工商银行的地理扩张基本完成,不再大规模地设立分支机构了。事实上,由于移动互联网的发展,网上银行得到了越来越广泛的使用,以中农工建为代表的大型国有银行已经开始调整自身的网点布局,在全国范围内裁撤了不少分支网点。

表 5-2 中国工商银行网点分布的省份数量和城市数量

年份	省份数量	城市数量
2002	31	328
2010	31	334
2018	31	337

为了考察股份制银行的跨区域经营情况,我们选择了上海浦东发展银行作为股份制银行的代表。表 5-3 展示了 2002 年、2010 年和 2018 年上海浦发银行网点在全国的分布情况。可以看出,浦发银行从 2000 年开始在全国范围内实施了大规模的地理扩张,逐渐发展成为全国性的大型股份制银行。但是,浦发银行的跨区域经营策略与中国工商银行的不同。作为中央管理的大型国有银行,中国工商银行等四大行的定位是服务国家的经济发展战略,其网点覆盖了全国大部分城市和地区。而浦发银行是由上海市财政局、上海国际信托投资公司等 18 家单位作为发起人,以定向募集方式设立的股份制银行。浦发银行的发展地位与中国工商银行不同,其经营战略更多的是为股东增加价值,提高经营利润。因此,以浦发银行为代表的股份制银行不会像四大行一样在全国各地设立分支网点,而是根据各地的市场规模、经济发展状况等决定是否在该地区设立分支机构。

表 5-3 上海浦东发展银行网点分布的省份数量和城市数量

年份	省份数量	城市数量
2002	15	25
2010	28	134
2018	31	146

我们选择河北银行作为城市商业银行的代表,分析城市商业银行跨区域经营模式的特征。城市商业银行是我国银行业的重要组成部分,其业务定位主要是为中小企业提供金融支持,助力地方经济发展。城市

商业银行通常是在城市信用合作社的基础上组建起来的。1979年,河南省驻马店市成立了全国第一家城市信用社,其宗旨是为城市的小型企业、个体工商户和城市居民提供金融服务。20世纪80年代后期,城市信用社数量开始迅速增加,从1986年的1 000多家增加到1994年底的5 200家。城市信用社的快速发展缓解了中小企业"开户难、结算难、借贷难"的矛盾,促进了中小企业的发展,成为推动地方经济发展的重要力量。城市信用社由于规模小、资金成本高、股权结构不合理、内控体制不健全等原因,抗风险能力较弱。1994年,为了化解城市信用社的风险,国务院决定合并城市信用社,成立城市合作银行。1998年,考虑到城市合作银行已经不具有"合作"性质,正式更名为城市商业银行。

从城市商业银行发展的历史脉络中可以看出,城市商业银行与大型国有银行以及股份制银行有着不同的特征。表5-4展示了2002年、2010年和2018年河北银行的跨区域经营情况。可以看出,河北银行的地理扩张主要在总部附近城市进行,并且扩张的速度较为缓慢。河北银行的跨区域经营模式也是众多城市商业银行跨区域经营的缩影。

表5-4 河北银行网点分布的省份数量和城市数量

年份	省份数量	城市数量
2002	1	1
2010	2	7
2018	3	13

最后,我们以广州农村商业银行为代表考察农村商业银行跨区域经营模式的特征。农村商业银行的前身是农村信用社。2003年,国务院印发了《深化农村信用社改革试点方案》,指出要按照"明晰产权关系、强化约束机制、增强服务功能、国家适当支持、地方政府负责"的总体要求,鼓励符合条件的地区将农村信用社改组成为股份制商业银行。银监

会也出台了《农村商业银行管理暂行规定》《农村合作银行管理暂行规定》等一系列监管文件进行规范。农村商业银行的定位是为农民、农业和农村经济发展服务的地方金融机构。从表 5-5 中可以看出,农村商业银行的跨区域经营模式与城市商业银行类似,主要在总部所在城市及周边城市设立网点。

表 5-5　广州农村商业银行网点分布的省份数量和城市数量

年份	省份数量	城市数量
2002	1	1
2010	1	1
2018	1	6

5.2　银行跨区域经营影响因素的实证分析

为了从实证角度考察商业银行跨区域经营的影响因素,本节利用中国商业银行网点数据以及城市层面的变量数据进行了回归分析,以期得到更为详细和精确的结果。

5.2.1　模型设定

为了考察影响商业银行跨区域经营的因素,借鉴现有文献的研究(王擎等,2012;蔡卫星,2016),本书采用多元回归分析的方法进行实证检验,构建了如下计量模型:

$$\mathrm{branch}_{ict} = \mathrm{asset}_{it} + \mathrm{dialect}_{ic} + \mathrm{dist}_{ic} + \mathrm{branchnear}_{ict} +$$
$$\mathrm{branch\_rival}_{ict} + \varepsilon_i + \mathrm{year}_t + \varepsilon_i \times \mathrm{year}_t + \varphi_c \times \mathrm{year}_t \quad (5-1)$$

其中,branch_{ict} 是银行 i 第 t 年在城市 c 的网点数量,asset_{it} 是银行 i 在 t 年的总资产,$\mathrm{dialect}_{ic}$ 是银行网点所在城市 c 与银行总部的方言距离,dist_{ic} 是银行 i 与网点所在城市 c 的距离,$\mathrm{branchnear}_{ict}$ 是银行 i 第 t 年在

城市 c 周边 50 千米范围内分支网点的数量，$branch\_rival_{ict}$ 是城市 c 中其他商业银行的分支网点总数。$branch_{ict}$ 可以用来衡量商业银行在城市 c 的跨区域经营强度，为了减少异方差带来的模型估计的影响，我们对 $branch_{ict}$ 取对数形式，并对 $asset_{it}$、$dist_{ic}$、$branchnear_{ict}$ 和 $branch\_rival_{ict}$ 取对数形式。由于 $branchnear_{ict}$ 和 $branch\_rival_{ict}$ 的值有的为 0，为此，对这两个变量分别加上一个常数后再取对数。ε_i 是银行的个体固定效应，$year_t$ 是年份固定效应，$\varepsilon_i \times year_t$ 为银行固定效应与年份固定效应的交互项，$\varphi_c \times year_t$ 是城市固定效应与年份固定效应的交互项。

5.2.2　数据与样本描述

本节所用的数据主要来自中国银行保险监督管理委员会金融许可证信息数据库、Bankscope 全球银行与金融机构分析数据库、银行各年份年报、《中国语言地图集》等。本节的样本包括 130 家中国商业银行 2002—2016 年的数据，共 30 710 个观测值。中国银行保险监督管理委员会金融许可证信息数据库提供了中国所有商业银行在全国各地分支机构的许可证信息，可以得到银行各年份在不同城市的分支机构数量，用来构建银行跨区域经营的变量。

语言是沟通的主要工具。人们不仅可以通过语音和语调对说话者的身份进行判断，还能够通过沟通建立社交群落，获取社会资源（Berry et al.，1997；陈波，2014；杨晔等，2019）。有效的沟通可以帮助跨区域经营的银行管理者获取外部支持，缺乏效率的沟通则会增加信息不对称，导致道德风险（Mollick，2014）。语言期望理论认为，沟通的效果不仅取决于语言的内容，还取决于语言的风格。即使是同样的内容，不同的人说出来的效果也有巨大差异（Averbeck，2010）。另外，语言不仅是沟通交流的工具，也是人们地域身份和文化的象征。在中国，各地的方言有着自身独特的语言体系，代表着不同的文化特征。中国的文化心理典型化为区域间语言的差序格局，方言产生了以地方观念认同和乡土感情为基础建立起来的同乡心理，可以在说同一种方言的人之间产生很强的凝聚力，同时也会排斥外来文化和意识形态，具有一定的排外性和封闭性(杨晔等,2019)。因此,银行在进行跨区域经营时,往往会优先考虑在文化相近的城市设立分支机构。在文化相近的地区跨区域经营可以减少因文化差异带来的经营和管理上的水土不服。

本节采用《中国语言地图集》(第 2 版)的方言地理分布数据构造了一个衡量银行总部与分支网点所在城市文化距离的变量 dialect。如果银行总部所在城市的方言与分支网点所在城市的方言同属十个方言大区中的官话区但不属于同一官话区,则 dialect 取值为 1,若同属于其他非官话大区或同一个官话区则 dialect 取值为 2,若同属于同一方言片则 dialect 取值为 3,若同属于一个方言小片则 dialect 取值为 4。由于不同的方言代表了不同的地域文化,方言距离可以作为文化差异的代理变量,便于在实证模型中考察文化差异对银行跨区域经营城市选择的影响。

在银行实施跨区域经营战略时,跨区域经营城市与总部的距离也是银行决策层必须考虑的一个重要因素。因此,我们根据银行总部城市和分支网点所在城市的地理坐标计算出银行总部与分支网点所在城市的距离,构建了一个距离变量 dist,用来考察分支网点距离对银行跨区域经营决策的影响。

从理论上讲,为了保证银行进行地理扩张时经营的稳定性,银行跨区域经营的区域选择往往优先选择已经有一定经营经验的区域附近的城市。已有分支网点的城市与附近的城市通常有着相似的社会和经济条件,便于银行新设网点后快速地进行人员安排和工作环境适应。因此,本节的实证模型包括了银行分支网点城市周边 50 千米范围内该银行分支机构的数量(branchnear_50)。为了稳健性检验,我们又分别构造了距银行分支网点城市 100 千米和 200 千米范围内的该银行分支机构的数量(branchnear_100 和 branchnear_200)。

一个城市中其他银行的市场势力也会影响银行的跨区域经营战略。当一个城市中其他银行分支网点比较多的时候,一方面说明该城市银行间的市场竞争比较激烈,另一方面也说明该城市具有较大的市场规模和潜力。银行在进行跨区域经营的决策时,会全面考虑该城市的市场规模和竞争强度。我们构造了一个衡量城市竞争强度的变量 branch_rival, branch_rival 是银行跨区域经营网点所在城市中其他银行分支机构的数量。

表 5 - 6 汇总了实证模型中所用到变量的描述性统计结果。实证模型中所用到的观测值有 30 710 个,表 5 - 6 列示了各变量的均值、最小值、最大值以及标准差。其中总资产(asset)都以消费者价格指数(CPI)进行了通胀调整。从资产规模上看,银行间资产规模的差异很大。本节所用的样本基本覆盖了国内主要的银行,具有较高的代表性。

表 5 - 6　各变量描述性统计结果

变量	观测值	均值	最小值	最大值	标准差
branch	30 710	31. 393	1	485	42. 985 9
asset	30 710	6 909 472	3 630	24 100 000	6 200 147
dialect	30 710	0. 926	0	4	1. 063 091
dist	30 710	1 017. 109	11. 243	3 747. 725	633. 458
branchnear_50	30 710	11. 154	0	635	40. 392
branchnear_100	30 710	69. 905	0	1 259	138. 674
branchnear_200	30 710	253. 461	0	2 342	314. 967
branch_rival	30 710	406. 224	2	3 755	544. 846

　　注:asset 的单位为百万元人民币,使用消费者价格指数进行了通货膨胀调整,以 2002 年为基期;dist(总部城市和分支网点所在城市的距离)的单位为千米。

5. 2. 3　实证回归结果分析

为了从实证中考察影响银行跨区域经营的因素,我们对模型(5 - 1)进行了回归,得到了实证回归的结果。表 5 - 7 汇总了银行跨区域经营影响因素模型的结果。其中,列(1)控制了银行个体固定效应,列(2)控制了年份固定效应,列(3)同时控制了银行个体固定效应和年份固定效应,列(4)控制了银行个体效应和年份固定效应的交互效应,列(5)控制了银行总部城市固定效应和年份固定效应的交互效应。从表中的结果来看,lnasset 的系数在 5 个模型中都为正且都在 1% 的统计水平上显著。这表明资产规模越大的银行越有可能进行跨区域经营,通过地理扩张获得更大范围的市场。

表 5-7 商业银行跨区域经营的影响因素回归结果

	(1)	(2)	(3)	(4)	(5)
	lnbranch	lnbranch	lnbranch	lnbranch	lnbranch
lnasset	0.018***	0.676***	0.419***	0.551***	0.551***
	(0.006)	(0.005)	(0.022)	(0.081)	(0.081)
dialect	0.026***	0.079***	0.028***	0.026***	0.026***
	(0.005)	(0.006)	(0.005)	(0.005)	(0.005)
lndist	-0.138***	-0.235***	-0.140***	-0.137***	-0.137***
	(0.006)	(0.008)	(0.006)	(0.005)	(0.005)
lnbranchnear_50	0.007**	0.060***	0.005*	0.003	0.003
	(0.003)	(0.004)	(0.003)	(0.003)	(0.003)
lnbranch_rival	0.770***	0.432***	0.780***	0.784***	0.784***
	(0.004)	(0.006)	(0.004)	(0.004)	(0.004)
constant	0.376***	-7.479***	-5.716***	-7.892***	-7.892***
	(0.103)	(0.092)	(0.337)	(1.245)	(1.245)
bank FE	√		√		
year FE		√	√		
bank#year FE				√	√
city#year FE					√
observations	30 710	30 710	30 710	30 710	30 710
R-squared	0.760	0.467	0.765	0.787	0.787

注:括号内为在银行类型水平上聚类的标准误,***表示1%的显著性水平,**表示5%的显著性水平,*表示10%的显著性水平。

变量 dialect 的系数为正,且在所有模型中都在 1% 的水平上显著。这说明,银行在进行地理扩张时,通常会优先选择方言距离较近的地区。中国文化种类繁多,底蕴深厚,不同区域由于历史、政治和地理等原因形成了不同的地域文化。地方方言作为地域文化的一个重要载体,反映了地区间文化的差异。相对于经济制度更为完善的发达国家,中国的文化因素对经济的运行产生了深远的影响(陈冬华等,2008;陈冬华等,2013;戴亦一等,2017)。不同的地域文化会影响银行经营人员的行为,进而影响银行的经营绩效。中国人在日常生活和商业活动中非常重视同乡这种天然的人际关系。因此,在中国,各种同乡会、同乡商会随处可见。同乡之间可以通过相近的文化增加彼此的社会认同感,增加合作的机会。在金融领域,来自不同地区的同乡之间通过方言产生强烈的身份认同,形成具有凝聚力的圈子,在圈子内进行金融资源、物质资源和人才资源的交换(戴亦一等,2017)。银行在与总部城市文化相近的地区跨区域经营时,能够更快地融入当地的文化,减少因文化差异过大而导致的水土不服和委托—代理成本。

变量 lndist 的系数为负且在 5 个模型中都在 1% 的水平上显著。这表明银行在进行跨区域经营时,通常会选择距离总部城市较近的城市。当银行分支机构所在城市离银行总部距离较远时,银行总部很难观察到分支机构的工作努力程度和经营管理行为,或者获得分支网点经营者的行为信息需要非常大的成本。银行总部和分支机构之间存在着较严重的信息不对称,进而产生委托—代理问题(张维迎,2004)。在许多情况下,分支机构经理人员的劳动量很难察知,银行总部只能观察劳动量的某种信号,如作为结果的经营绩效。但是经营绩效会受到市场经济波动等外部因素的干扰(范里安,2011)。根据委托—代理理论,要解决代理问题,一种方法是银行总部对分支机构直接监督,减少分支机构经理人员行为上的偏差。但是这种方法的监督成本太高,反而会损害银行的整体绩效(Holmstrom,1982;Holmstrom and Tirole,1989)。对于大多数中小银行来说,距离所导致的监管成本限制了银行地理扩张的范围。大多数中小银行基于距离导致的代理成本问题考量,会优先考虑在总部附近的城市进行跨区域经营,以便控制风险。

变量 lnbranchnear_50 的系数为正且在列(1)~(3)的模型中统计上显著。这说明,银行在进行地理扩张时,通常是循序渐进的。在有分支网点的城市附近的地区进行跨区域经营时,可以快速地调配周边的人员,也便于银行总部对新设立的分支网点进行监督和指导。

变量 lnbranch_rival 的系数为正且在 1‰ 的统计水平上显著。一个城市的银行分支机构数量越多,该城市的市场和商业活动越丰富。这说明银行在选择跨区域经营的城市时,往往倾向于选择市场潜力大的城市,而不是市场竞争性小的城市。

考虑到城市之间的距离通常大于 50 千米,为了保证实证结果的稳健性,我们分别用 branchnear_100 和 branchnear_200 代替 branchnear_50 进行多元回归,验证城市附近的分支网点数量对银行跨区域经营决策的影响。表 5-8 汇总了以 lnbranchnear_100 为变量的实证结果。从中可以看出,lnbranchnear_100 的系数在列(1)～(5)中均为正且在 1‰ 的水平上显著。另外,其他变量的系数和显著性也和表 5-7 中的结果一致,这说明基准结果是非常稳健的。

表 5-8　商业银行跨区域经营的影响因素回归结果:稳健性检验(branchnear_100)

	(1)	(2)	(3)	(4)	(5)
	lnbranch	lnbranch	lnbranch	lnbranch	lnbranch
lnasset	0.014**	0.623***	0.411***	0.547***	0.547***
	(0.006)	(0.005)	(0.022)	(0.081)	(0.081)
dialect	0.028***	0.081***	0.030***	0.027***	0.027***
	(0.005)	(0.006)	(0.005)	(0.005)	(0.005)
lndist	−0.128***	−0.171***	−0.131***	−0.130***	−0.130***
	(0.006)	(0.008)	(0.006)	(0.006)	(0.006)
lnbranchnear_100	0.017***	0.098***	0.014***	0.012***	0.012***
	(0.002)	(0.003)	(0.002)	(0.002)	(0.002)
lnbranch_rival	0.767***	0.440***	0.777***	0.781***	0.781***
	(0.004)	(0.006)	(0.004)	(0.004)	(0.004)
constant	0.323***	−7.383***	−5.672***	−7.905***	−7.905***
	(0.103)	(0.091)	(0.336)	(1.244)	(1.244)
bank FE	√		√		
year FE		√	√		
bank # year FE				√	√

（续表）

	（1）lnbranch	（2）lnbranch	（3）lnbranch	（4）lnbranch	（5）lnbranch
city#year FE					√
observations	30 710	30 710	30 710	30 710	30 710
R-squared	0.761	0.484	0.766	0.788	0.788

注：括号内为在银行类型水平上聚类的标准误，＊＊＊表示1％的显著性水平，＊＊表示5％的显著性水平，＊表示10％的显著性水平。

表5-9报告了以lnbranchnear_200为变量的稳健性检验结果。从表中可以看出，lnbranchnear_200的系数为正且在1％的水平上显著。变量lnasset、dialect、lndist、lnbranch_rival的系数和显著性与表5-7和表5-8的结果一致，再次验证了基准回归结果的结论。

表5-9 商业银行跨区域经营的影响因素回归结果：稳健性检验（branchnear_200）

	（1）lnbranch_city	（2）lnbranch_city	（3）lnbranch_city	（4）lnbranch_city	（5）lnbranch_city
lnasset	0.003 (0.006)	0.476*** (0.006)	0.386*** (0.022)	0.528*** (0.081)	0.528*** (0.081)
dialect	0.033*** (0.005)	0.102*** (0.006)	0.034*** (0.005)	0.030*** (0.005)	0.030*** (0.005)
lndist	−0.101*** (0.006)	0.011 (0.009)	−0.109*** (0.006)	−0.111*** (0.006)	−0.111*** (0.006)
lnbranchnear_200	0.041 4*** (0.002 95)	0.234*** (0.004)	0.034*** (0.003)	0.029*** (0.003)	0.029*** (0.003)
lnbranch_rival	0.768*** (0.004)	0.491*** (0.005)	0.778*** (0.004)	0.781*** (0.004)	0.781*** (0.004)
constant	0.133 (0.104)	−7.592*** (0.087)	−5.582*** (0.336)	−7.866*** (1.243)	−7.866*** (1.243)
bank FE	√		√		
year FE		√	√		

（续表）

	（1）	（2）	（3）	（4）	（5）
	lnbranch_city	lnbranch_city	lnbranch_city	lnbranch_city	lnbranch_city
bank#year FE				√	√
city#year FE					√
observations	30 710	30 710	30 710	30 710	30 710
R-squared	0.762	0.526	0.766	0.788	0.788

注：括号内为在银行类型水平上聚类的标准误，＊＊＊表示1%的显著性水平，＊＊表示5%的显著性水平，＊表示10%的显著性水平。

从本节的实证结果可以看出商业银行跨区域经营决策的影响因素。银行的资产规模、银行总部与跨区域经营城市的方言距离、银行总部与分支网点的地理距离、跨区域经营城市附近地区的该银行分支网点数、分支网点所在城市的其他银行的分支机构数量都会影响银行跨区域经营战略。本节分析的一个创新点就是考虑了文化因素对银行跨区域经营的影响。关于公司治理的现有文献中，越来越多的研究开始关注文化因素对公司治理的影响（Newman and Nollen，1996；Haniffa and Cooke，2002；Benmelech and Frydman，2015；陈冬华等，2013；戴亦一等，2017）。人际交往过程中存在着相似吸引的现象，文化能够影响人与人之间的交流和互动（DiMaggio，1997）。文化相似的人沟通和协调会更加顺利，人际的身份认同也更为强烈，对银行的分支机构治理有着积极意义。本节的研究丰富了银行跨区域经营的文献，从实证角度考察了文化对银行跨区域经营决策的重要作用。

5.3　本章结论

本章首先论述了中国银行业分支网点的整体分布情况以及不同类型的银行跨区域经营的模式和特点，然后从实证分析的角度对影响银行跨区域经营的因素进行了考察。我们发现大型国有银行、股份制银行、城市商业银行和农村商业银行在跨区域经营战略上有着非常大的差异。由于资产规模和定位的不同，大型国有银行的分支网点很早就已经遍布全国几乎所有的城市，大规模地理扩张的阶段已经结束；而股份制银行正在实施积极跨区域经营战略，分支网点也已经分布于全国大多数大中城市。城市商业银行和农村商业银行由于资产规模较小，往往集中在总部所在地区附近设立分支网点。而且，2009年以前，国家对中小银行在异地设立分支机构有着严格的规定。绝大部分的城市商业银行和农村商业银行都很难满足异地设立分支机构的要求。根据2006年银监会出台的《城市商业银行异地分支机构管理办法》，城市商业银行要在资产总额、注册资本、资本充足率、不良贷款率、贷款损失准备覆盖率、资产利润率、资本利润率以及人均资产等方面满足较高的要求才可以设立异地分支机构。政策的限制让中小城市商业银行难以实施跨区域经营战略。2009年银监会印发了《关于中小商业银行分支机构市场准入政策的调整意见（试行）》，其核心内容是放松对中小银行设立异地分支机构的限制。自此，城市商业银行和农村商业银行才开始进行跨区域经营。

实证分析着重考察了影响银行跨区域经营的一些因素。结果表明，资产规模、银行总部与分支机构所在城市文化相似性、地理距离、附近城市分支网点数量、分支机构所在城市市场竞争状况等都会影响银行的跨区域经营决策。研究发现，当一个城市的方言与银行总部所在城市越相似，银行越有可能在该城市设立分支机构。方言相似意味着文化相近，银行倾向于在文化相近的地区设立异地分支机构。城市与银行总部的距离也会影响银行是否设立分支机构。考虑到距离增加会带来监督和管理成本的增加，银行（尤其是中小银行）在进行地理扩张时通常会优先在附近城市设立分支网点。银行的跨区域经营是循序渐进的，不断向外扩张的。另外，银行的跨区域经营往往选择市场规模较大的城市，而不是竞争力弱的地区。当市场规模足够大时，尽管市场竞争可能很激烈，银行也可以根据自身的优势找到自己的市场位置，得到跨区域经营的好处。

第 6 章　跨区域经营与银行绩效的实证分析

随着国家逐步放松对银行跨区域经营的限制,越来越多的中小银行开始跨区域经营。第 5 章考察了银行跨区域经营的影响因素和不同类型银行跨区域经营的特点。本章将基于中国银行业的数据,通过实证研究的方法进一步分析跨区域经营与银行经营绩效之间的关系,以及网上渠道与银行实体网点渠道之间的相互作用,为移动互联时代银行跨区域经营的监管提供理论支持和政策建议。

6.1　中国银行业跨区域经营的制度背景

中国银行业的发展与改革开放后经济的高速增长紧密联系在一起。改革开放以来,银行的资产规模迅速扩大,分支机构数量也发生了巨大变化。为了追求规模经济[①],获取和控制金融资源,中国银行业在 1984—1997 年进行了以分支机构扩张为主要手段的大规模市场竞争(易纲等,2001)。中国银行业的分支机构数量由 1984 年的 5.4 万个增加到 1995 年的 16 万个(贾春新等,2008),人员总数由 1984 年的 84.7 万人增加到 1995 年的 192.3 万人,银行的总资产由 1984 年的 6 374.5 亿元增加到 1997 年的 70 059.4 亿元,贷款余额由 1985 年的 5 905.6 亿元增加到 1997 年的 47 303.2 亿元,存款余额从 1985 年的 4 264.9 亿元增加到 1997 年的 51 905.5 亿元(易纲等,2001)。

[①] 　根据 Benston(1972)的研究,在给定其他条件不变的情况下,银行的规模扩大 1 倍,平均成本下降5%～8%。

改革开放以后,中国银行业也开始了改革的步伐。中国政府开始将中国人民银行的商业银行职能分离出来,并分设了四家大型国有商业银行——中国银行、中国农业银行、中国工商银行和中国建设银行。由此,中国银行业初步形成了以四大国有银行为主体的市场竞争格局。在市场经济条件下,银行在政策规定的范围内可以自由地设立分支机构,并且往往倾向于在经济较发达的地区设立较多的分支机构(Jayaratne et al.,1996)。然而,中国四大国有银行的分支机构并不是完全按照市场经济规律设置的。由于我国长期以来实行的是计划经济体制,四大国有银行分支机构的设置方式也体现着深深的计划经济烙印。四大国有商业银行的分支机构基本上按照行政区划设置,机构重迭的问题非常普遍①(《中国金融年鉴》编辑部,1999)。国有商业银行分支机构的设立中还存在着严重的地方政府干预和特殊利益驱动。银行为了自身利益的需要,往往与地方政府联手,通过政治途径获得设立分支机构的许可(贾春新等,2008)。为了提高国有商业银行的经营绩效,国家自1998年开始对国有商业银行分支机构进行了大刀阔斧的调整,合并了同地双设的分支机构(包括省市分行、地县级分行的合并),撤销了长期经营亏损或业务量少的营业网点。

中国除了四大国有商业银行外还存在着数量众多的股份制银行②、城市商业银行、农村商业银行和一些外资银行。1987年4月,交通银行重新组建,成为新中国第一家全国性的股份制商业银行③。此后,又有12家股份制商业银行陆续成立(见表6-1)。股份制银行的快速发展一定程度上填补了国有商业银行由于机构裁撤造成的市场空白,大大丰富

---

① 《中国金融年鉴1999》这样描述1998年之前四大行分支机构的设置情况:"我国四家国有独资商业银行的分支机构基本上是按照行政区划设置的,机构重迭的问题相当普遍,往往是同一城市里,同一家银行既有省分行,又有市分行。前些年竞争激烈,各银行又不顾业务量的多少,盲目设点,致使一些机构网点业务不足,成本高攀,效益很差,甚至严重亏损。"

② 随着银行业改革的推进,国有商业银行和城市商业银行也按照股份制原则进行了改革,股份制银行的名称已经不再准确。按照习惯,我们依然使用这一名称。

③ 由于交通银行在资产规模和分支机构数量上远高于其他股份制银行,因此,一些文献将交通银行与四大国有银行并称为"五大行"。本书仍将交通银行归为股份制银行。

了城乡居民的金融服务内容。同时,大量股份制银行的成立打破了国有银行市场垄断的结构,促进了中国银行业竞争机制的形成,提高了银行业的竞争水平。另外,股份制银行在经营管理方面不断创新,有力地推动了整个中国银行业的改革和发展。

表6-1 股份制商业银行成立情况

序号	银行名称	成立年份	总部所在城市	备注
1	交通银行	1987	上海	第一家全国性的股份制银行
2	招商银行	1987	深圳	第一家由国有企业兴办的银行
3	中信银行	1987	北京	第二家由国有企业兴办的银行
4	平安银行	1987	深圳	国内第一家上市的银行
5	广发银行	1988	广州	第一家在境外设分行的股份制银行
6	兴业银行	1988	福州	国内第一家赤道银行
7	中国光大银行	1992	北京	第三家由国有企业兴办的银行
8	华夏银行	1992	北京	第一家由工业企业兴办的银行
9	上海浦东发展银行	1992	上海	
10	中国民生银行	1996	北京	非国有企业为主设立的股份制银行
11	恒丰银行	2003	烟台	
12	浙商银行	2004	杭州	中外合资银行
13	渤海银行	2005	天津	在设立阶段就引入境外战略投资者

注:1987年中信集团银行部改组成为中信实业银行,2005年8月中信实业银行更名为中信银行。平安银行前身为深圳发展银行。恒丰银行前身为烟台住房储蓄银行,2003年更名为恒丰银行。2012年1月19日,深圳发展银行和平安银行董事会审议通过两行合并方案,深圳发展银行吸收合并平安银行,并更名为平安银行。

除了国有大型商业银行和股份制银行外,以城市商业银行和农村商业银行为代表的中小银行也是全国银行业的重要组成部分。城市商业银行大多由原来的城市信用社改组建立,农村商业银行则大多由原来的农村信用社改组建立。一般而言,城市商业银行和农村商业银行的资产规模较小且发展依赖性强。经营绩效较好的城市商业银行和农村商业银行往往集中在经济发展水平较高的东部沿海地区，而经济欠发达地区的城市商业银行和农村商业银行的发展往往不尽如人意。城市商业银行和农村商业银行在发展过程中存在着资本充足率较低、不良资产率较高、单一城市制经营、贷款风险集中度高和产品创新水平低等问题（曹凤岐，2006）。

中国银行业分支机构的变化大致可以分为以下几个阶段。第一阶段为1984—1997年，是国有商业银行机构大规模扩张阶段，依托既有的行政层级，四大国有商业银行分支机构网点得到迅速扩张，分支机构总数增加了一倍。第二阶段为1998—2001年，四大国有商业银行分支机构大规模撤并，股份制银行分支机构快速发展。1998年，中国人民银行印发了《关于落实国有独资商业银行分支机构改革方案有关问题的通知》，要求四大国有银行裁撤分支机构，并提出了具体明确的工作要求。机构撤并主要在经济不发达的县级行政区域开展，许多县域的中行、工行和建行的分支机构被撤销，农行的分支机构也被大量撤并，而发达省份及不发达省份的城市地区分支机构的数量并没有明显减少（贾春新等，2008）。第三阶段为2002—2008年，股份制银行开始大规模跨区域经营。经过一段时间的发展，股份制商业银行成长为中国银行业的重要力量。股份制商业银行在这一阶段表现出了良好的经营绩效，信息化程度高，加快了产品创新速度，并强化了公司治理，完善了银行经营管理体制（陆岷峰等，2019）。经过这一阶段的发展，股份制商业银行已经成为中国银行体系中一支富有活力的生力军和中坚力量，成为国民经济发展不可或缺的重要组成部分。第四阶段为2009年至今。2009年以前，政府对中小商业银行异地设立分支机构有非常严格的限制。比如，2006年中国银监会发布的《城市商业银行异地分支机构管理办法》规定，城市商业银行需要在资产规模、盈利水平、风险指标等诸多方面满足比较严苛的条件才能在异地设立分支机构。对于中小银行异地设立分支机构的限制阻碍了城市商业银行和农村商业银行等中小银行跨区域经营战略的实施和推进。因此，2009年之前，能够进行跨区域经营的中小银行数量十分有限(何东伟等,2017)。表6-2显示了2009年以前城市商业银行的跨区域经营情况。2009年中国银监会印发了《关于中小商业银行分支机构市场准入政策的调整意见(试行)》,中小商业银行跨区域经营的限制得到大幅放松,越来越多的城市商业银行和农村商业银行开始在异地设立分支机构,实施跨区域经营战略。

表6-2　城市商业银行首次设立异地分支机构情况

序号	银行名称	首次设立异地分支机构年份	分支机构设立方式
1	哈尔滨银行	2004	并购
2	徽商银行	2005	并购
3	江苏银行	2006	并购
4	北京银行	2006	异地新设
5	上海银行	2006	异地新设
6	包商银行	2007	并购、异地新设
7	大连银行	2007	异地新设
8	杭州银行	2007	异地新设
9	南京银行	2007	异地新设
10	宁波银行	2007	异地新设
11	齐商银行	2007	异地新设
12	盛京银行	2007	异地新设
13	威海市商业银行	2007	异地新设
14	温州银行	2007	异地新设
15	浙江稠州商业银行	2007	异地新设
16	浙江泰隆商业银行	2007	异地新设
17	东莞银行	2008	异地新设
18	福建海峡银行	2008	异地新设
19	汉口银行	2008	异地新设
20	吉林银行	2008	异地新设

（续表）

序号	银行名称	首次设立异地分支机构年份	分支机构设立方式
21	锦州银行	2008	异地新设
22	莱商银行	2008	异地新设
23	兰州银行	2008	异地新设
24	临商银行	2008	异地新设
25	齐鲁银行	2008	异地新设
26	青岛银行	2008	异地新设
27	青海银行	2008	异地新设
28	天津银行	2008	异地新设
29	浙江民泰商业银行	2008	异地新设

资料来源：根据相关银行网站、银行年报和魏世杰（2010）公开数据整理。

中国银行业改革的进程为研究跨区域经营与银行绩效的关系提供了一个天然试验场，便于学者们从实证的角度对银行分支机构变化的影响进行分析。一些学者从宏观和微观等不同层面探讨了银行分支机构的变化对宏观经济和银行经营绩效的影响（易纲等，2001；钟笑寒等，2005；贾春新等，2008；王擎等，2012；蔡卫星，2016）。本章将使用中国银行业的数据对跨区域经营与银行绩效的关系进行深入考察，以期从中得到促进银行业发展的研究结论和政策建议①。

6.2 跨区域经营与银行绩效的理论框架与文献综述

国内外许多文献都对跨区域经营与银行绩效之间的关系进行了研究，分别从不同的角度得出了不同研究结果。综合来看，关于跨区域经营与银行绩效的研究主要可以分为两大类：一类是关于跨区域经营对

---

① 由于政策性银行、邮政储蓄银行和外资银行性质的特殊性，在本章的实证研究样本中只包括了四大国有银行、股份制银行、城市商业银行和农村商业银行。

银行收益的作用,另一类是关于跨区域经营对银行成本和风险的影响。

6.2.1　跨区域经营与银行收益之间的关系

尽管随着电子银行的蓬勃发展,越来越多的人通过电子银行获取银行的服务,但银行实体分支机构作为重要的经营渠道,依然是商业银行吸收存款不可或缺的工具。银行在异地设立实体分支机构的一个重要动机就是可以突破本地区经济发展的规模限制,扩大市场范围,实现规模经济(Hughes et al.,1996;Deng et al.,2008)。银行跨区域经营和规模的扩大不仅伴随着显著的规模经济效益,商业银行在实施跨区域经营后还可以将其业务和产品推广到更大的市场中去,获取协同收益,实现范围经济(Saunders,1994;王擎等,2013;蔡卫星,2016)。Deng 等(2008)认为,跨区域经营的银行可以通过扩大的存款市场降低资金成本,通过新的投资机会和协同作用增加银行收入。银行业可以通过更大范围内的跨区域经营提高经营管理能力。同时,异地市场的竞争也可促使银行不断提高产品的效率。然而,跨区域经营也有可能带来银行价值的下降。对于一些管理经验缺乏和市场信息了解不充分的银行来说,进入一个新的市场意味着面对更加复杂的组织结构和产品结构,会出现比较严重的代理问题(Acharya et al.,2006;Baele et al.,2007)。Delong(2001)也发现地理扩张会导致企业价值的降低。

6.2.2　跨区域经营与银行风险及成本的关系

如果银行的业务集中在一个地区,当该地区的经济环境发生变化时,银行将面临较大的系统风险。而跨区域经营可以使银行在一定程度上规避一些风险,实现共同保险效应,减少收益波动,进而降低银行系统风险(Lewellen,1971;Boot et al.,2000)。对银行跨区域经营的批评主要是银行的扩张会导致银行(尤其是地区性银行)的竞争压力增加、利润下降。由于大规模的地理扩张,地区性银行也面临着扩大市场范围和维持利润率的压力,很可能导致地区性银行为了扩大业务,不惜承担一些不必要的风险,忽略某些潜在的贷款问题(Chong,1991)。尽管国内外一些实证研究表明跨区域经营能够起到分散风险的作用（Hughes，et al.，1999；Akhigbe et al.，2003；Meslier et al.，2016；王擎等，2013），但是现有文献并未形成一致的结论。Demsetz等（1997）指出，跨区域经营后，由于竞争压力增加，商业银行更倾向于追求风险更高的业务，比如高风险的贷款和金融衍生品。范香梅等（2011）则认为中小银行进行跨区域经营后会导致银行收益下降，但对降低银行风险水平的作用并不明显。

跨区域经营对银行的经营成本也有着重要影响。实施跨区域经营后，银行面临着信息不对称、组织体系复杂等问题，难以对异地分支机构进行有效的管理和监督。现有文献表明，跨区域经营会降低银行总部对异地分支机构的监管能力，影响银行总部与分行之间的沟通，增加银行的代理成本（Berger et al.，2001；Brickley et al.，2003；Berger et al.，2006）。Acharya等（2006）和 Baele等（2007）的研究发现，跨区域经营增加了银行的组织结构和产品结构的复杂程度，降低了银行的绩效。Goetz等（2013）采用美国银行控股公司的数据分析了跨区域经营对银行控股公司企业价值和代理成本的影响。他们发现银行控股公司的跨区域扩张增加了内部人贷款、降低了贷款的质量。银行异地分支机构与总部之间的距离也影响着银行经营成本和绩效。国内外现有文献表明，分支机构的经营效率会随着与总部距离的增加而降低，因为分支机构越远，银行总部对异地分支机构的监督和管理就越困难（Deng and Elyasiani，2008；Goetz et al.，2013；李广子，2014；何东伟等，2017）。

6.3　样本统计性描述与实证研究设计

本节首先对实证研究所使用的数据进行统计性描述，然后给出分析跨区域经营与银行效率之间关系的实证模型，最后详细地讨论实证模型中的被解释变量和主要的解释变量，阐述选取变量的意义和作用。

6.3.1　数据和样本描述

本章实证研究所采用的数据共包含 129 家银行(4 家国有银行、13 家股份制银行、84 家城市商业银行和 28 家农村商业银行)2002—2016 年的年度数据。去除缺失变量的观测值后,共得到 835 个观测值。数据主要来源于 Bankscope 全球银行数据库、银行各年份年报、国家统计局以及中国银行保险监督管理委员会网站。另外,本章中用到的方言变量的数据来源于《中国语言地图集》(第二版),通过笔者整理得到。

表 6-3 汇总了实证研究中用到的各变量的描述性统计结果,其中与价格相关变量都以消费者价格指数进行了调整。其中,表中 A 部分是估计银行四个效率指标所用到的变量,包括资金价格(w_1 = 利息支出 ÷ 总存款)、劳动力价格(w_2 = 员工工资支出 ÷ 员工数)、总存款(y_1)、总贷款(y_2)、其他盈利性资产(y_3)、总成本(c = 利息支出 + 非利息支出)、总利润(p)、利息收入(inc)、非利息收入(ninc)、总资产(z)和不良贷款率(NPL)。表中 B 部分是模型中的被解释变量指标,包括一系列表征银行经营效率、盈利水平和风险水平的指标。表中 C 部分是模型中解释变量的指标,包括一系列银行层面的指标和城市层面的指标。其中 citynum、dist_mean、dist_mean_w 是三个表示银行跨区域经营程度的指标。具体而言,citynum 为银行分支机构所在城市的数量,dist_mean 为银行分支机构距离银行总部的平均距离,dist_mean_w 为银行分支机构距离银行总部的加权平均距离。变量 dist_mean_w 以银行所在城市的分支机构数量作为权重进行计算得到 dist_mean_w 的计算公式为:

$$\text{dist\_mean\_w}_{it} = \sum_{i}^{n} \text{dist}_i \frac{\text{branch}_{it}}{\text{branch}_t}$$,其中,dist_i 是银行跨区域经营的城市 i 与银行总部的距离,branch_{it} 是银行第 t 年在城市 i 的分支机构数量,branch_t 是银行所有分支机构的数量。以上三个指标分别从不同的角度衡量了银行跨区域经营的程度。

表6-3 变量的描述性统计结果

变量	变量含义	观测值	均值	最小值	最大值	标准差
A：效率估计用到的变量						
w_1	资金价格	835	0.023	0.003	0.068	0.008
w_2	劳动力价格	835	0.002	0.0003	0.006	0.0009
y_1	总存款	835	10327.930	45.411	202454.7	27230.900
y_2	总贷款	835	5880.271	34.934	128008.300	16327.480
y_3	其他盈利性资产	835	4190.064	8.238	70184.3400	10213.550
c	总成本	835	320.060	0.924	5766.736	803.211
p	总利润	835	173.694	0.076	3950.618	503.877
inc	利息收入	835	311.547	0.380	6034.196	801.261
ninc	非利息收入	835	47.304	0	1370.98	164.141
z	总资产	835	11633.910	82.996	236639.900	30960.020
NPL	不良贷款率	835	0.016	0	0.3822	0.025
B：被解释变量						
eff_pro	利润效率	835	0.579	0.020	0.853	0.139
eff_cos	成本效率	835	0.861	0.342	0.961	0.053
eff_inc	利息收入效率	835	0.840	0.244	0.963	0.077
eff_ninc	非利息收入效率	834	0.629	0.067	0.908	0.120
roaa	平均资产回报率	835	0.014	0.0005	0.037	0.005
roae	平均股权回报率	835	0.252	0.002	24.933	0.861
CAR	资本充足率	792	0.128	0.004	0.596	0.033
LLP	贷款损失准备	722	3.109	0.504	63.212	4.557
LCR	流动覆盖率	589	0.851	0.143	102.407	4.206
Z-score	(ROA+CAR)÷sd(ROA)	792	39.426	3.133	295.488	21.065
C：解释变量						
citynum	分支机构所在城市数量	835	36.848	1	340	82.797

（续表）

变量	变量含义	观测值	均值	最小值	最大值	标准差
dist_mean	分支机构距离总部平均距离	835	413.755	0	1 865.841	412.835
dist_mean_w	分支机构距离总部加权距离	835	18.815	0	452.740	39.102
size	银行总资产	835	11 633.910	82.996	236 639.900	30 960.020
NPL	不良贷款率	835	0.016	0	0.382 2	0.025
pop	人口数量	835	776.298	106.010	3 392.110	538.115
pgdp	人均 GDP	835	75 656.310	9 687	290 477	35 100.7
loanasset	贷款÷总资产	835	0.466	0.049 8	0.747	0.105
nintexp	非利息支出	835	114.007	0.028	2 177.860	304.990
intinc	利息收入	835	311.547	0.379	6 034.196	801.261
companynum	企业数量	835	4 224.520	147	18 792	3 317.404
HHI	银行总部城市HHI指数	835	0.182	0.074	0.606	0.071
diadist	平均方言距离	835	2.258	0.460	4	1.234

注：A 部分的变量除 NPL 外，单位均为百万元。size 的单位为百万元，pgdp 的单位为元，intinc 的单位为百万元。上述变量的值都已根据消费者价格指数以 2002 年为基年进行了调整。

6.3.2 银行效率的估计方法

为了衡量银行经营的整体绩效情况，本节借鉴现有文献，采用随机前沿分析方法来测算银行的利润效率、成本效率、利息收入效率和非利息收入效率。在经济决策中，银行根据投入的相对价格选择不同的投入和产出量，从而达到利润最大化和成本最小化的目的。如果将不同水平的投入数量所能获得的最大产出绘制成一条生产可能线，行业中在特定投入数量下获得最大产出的企业的效率是最高的。随机前沿分析可以将行业中各个企业相对于最高企业的相对效率测算出来，用以衡量不同企业的整体经营绩效水平。

随机前沿分析方法不仅考虑了确定性模型的噪声影响问题,同时还可以进行标准差的估计和检验。但是该方法也受到了一些批评,主要集中于对其函数形式和误差项分布假设的质疑。国内也有一些文献采用数据包络分析方法估算中国银行业的效率(张健华,2003;郭妍,2005;郑录军等,2005),但是 Fries 和 Taci(2005)指出,在转轨经济体和发展中国家的研究中,随机前沿方法将误差项分解为随机误差项和无效率项比非参数方法更为合适,因为发展中国家的测量误差和经济环境不确定性问题更为突出。因此,更多的国内文献采用随机前沿分析方法测算中国银行业的效率(姚树洁等,2004;王聪等,2007;姚树洁等,2011)。

　　随机前沿分析方法由 Aigner 等(1977)提出来以后,得到了不断的发展和改进。40 多年来,学者们发展出了不同的随机前沿分析模型,如横截面数据单一方程模型、横截面数据系统模型、最优系统模型以及面板数据单一方程模型等(Kumbhakar et al., 2015)。在估计银行效率的时候,我们采用 Kumbhakar 等(2014)、Tsionas 和 Kumbhakar(2014)提出的包含四个误差项的随机前沿分析模型。该模型允许存在随机的银行效应,并且将永久无效率从随时间变动的无效率项中分离出来。银行效率的取值介于 0~1 之间,取值为 1 说明效率水平最高,取值为 0 说明效率水平最低。

　　进行随机前沿分析时,最常用的生产函数形式是 Cobb-Douglas 生产函数和 Translog 生产函数。由于 Cobb-Douglas 生产函数要求所有样本单元的规模报酬均相同,且 Translog 函数是 Cobb-Douglas 函数更一般的形式,更具有普遍性。所以本章在测算银行效率时采用利润函数(成本函数、利息收入函数和非利息收入函数)的 Translog 函数形式:

$$\ln\left(\frac{\pi}{w_2 z}\right)_{it} = \delta_0^* + \sum_{j=1}^{3} \delta_j \ln\left(\frac{y_j}{z}\right)_{it} + \frac{1}{2} \sum_{j=1}^{3} \sum_{k=1}^{3} \delta_{jk} \ln\left(\frac{y_j}{z}\right)_{it} \ln\left(\frac{y_k}{z}\right)_{it} +$$

$$\beta_1 \ln\left(\frac{w_1}{w_2}\right)_{it} + \frac{1}{2} \beta_2 \ln\left(\frac{w_1}{w_2}\right)_{it} \ln\left(\frac{w_1}{w_2}\right)_{it} + \sum_{j=1}^{3} \gamma_j \ln\left(\frac{y_j}{z}\right)_{it} \ln\left(\frac{w_1}{w_2}\right)_{it} +$$

$$\rho_1 \text{NPL}_{it} + \rho_2 \text{NPL}_{it}^2 + \alpha_t + \alpha_i + \varepsilon_{it} \qquad (6-1)$$

其中,π 是银行的利润,通过总资产(z)和劳动力价格(w_2)进行了标准化。这里借鉴 Berger 和 Mester(1997)、Berger 等(2009)的方法,通过用银行总资产对利润和其他产出变量进行标准化,进而在不同规模的银行间进行效率比较。我们也假设随机前沿函数中各投入的价格是同质的。

根据 Sealey 和 Lindley(1997)提出的中间法,效率估计中考虑了三个产出:总存款、总贷款和总投资。模型包括两个价格要素:一个是平均存款利率,衡量资金的成本,另一个是其他投入的成本,包括人力成本和固定资产成本。由于大部分银行的人力成本数据很难得到,本章借鉴 Hasan 和 Marton(2003)的方法,使用总非利息支出与总固定资产的比值作为非资金投入的价格。NPL 是银行的不良贷款率,即不良贷款占总贷款的比率,可以用来控制银行的风险和产出质量(Berger and Humphrey,1997;Hughes and Mester,2010)。另外,年份固定效应也包含在模型中,用来控制由于技术进步所带来的潜在的线性趋势。

在随机前沿函数中,$\delta_0^* = \delta_0 - E(u_{it}) - E(\eta_i)$,回归方程将误差项分解为两个部分:随时间变化的项 $\varepsilon_{it} = v_{it} - u_{it} + E(u_{it})$,以及不随时间变化的项 $\alpha_i = \mu_i - \eta_i + E(\eta_i)$。在模型中,$\alpha_i$ 和 ε_{it} 的均值都为0,且具有常数方差。变量 μ_i 和 v_{it} 分别代表了银行层面不随时间变化和随时间变化的前沿函数异质性。我们假设 μ_i 和 v_{it} 都服从均值为0且有常数方差的正态分布的独立同分布。变量 η_i 和 u_{it} 是非负的随机变量,分别用来捕捉不随时间变化和随时间变化的无效率。假设 η_i 和 u_{it} 服从截尾正态分布的独立同分布。以上设定可以得到具有银行异质性且依赖宏观经济情况的银行效率值。

Kumbhakar 等(2014)发展的多步方法可以得到随时间变化的银行利润效率 $E[e^{-u_{it}} \mid v_{it} - u_{it} + E(u_{it})]$。除了利润效率,我们还估计了成本效率、利息收入效率和非利息收入效率。将函数方程(6-1)左侧的利润(π)分别替换为总成本(c)、利息收入(inc)和非利息收入(ninc)后就可以得到另外三个效率项。

在具体估计效率的过程中,采用标准随机效应面板模型对前沿函数方程进行回归,得到 $v_{it} - u_{it}$ 和 $\mu_i - \eta_i$ 的预测值。然后用之前得到的 ε_{it} 的估计值,即 $\widehat{\varepsilon_{it}} = v_{it} - u_{it} + E(u_{it})$ 估计随时间变化的技术效率。在模型中,v_{it} 服从 $N(0, \sigma_v^2)$ 的独立同分布,u_{it} 服从 $N^+(0, \sigma_u^2)$ 的独立同分

布,这意味着 $E(u_{it}) = \sqrt{2/\pi}\sigma_u$,且忽略了 ε_{it} 真实值和预测值的差异。我们使用 Battese 和 Coelli(1988)的随机前沿函数方法得到随时间变化的技术无效率项,即 RTE= $\exp(-u_{it} | \varepsilon_{it})$。接着,我们采用随机前沿函数方法得到不随时间变化的无效率项。不随时间变化的技术无效率项可以由 α_i 的预测值,即 $\hat{\alpha_i} = \mu_i - \eta_i + E(\eta_i)$ 得到。假设 μ_i 服从 $N(0, \sigma_\mu^2)$ 的独立同分布,η_i 服从 $N^+(0, \sigma_\eta^2)$ 的独立同分布,这意味着 $E(\eta_i) = \sqrt{2/\pi}\sigma_\eta$,且忽略了 α_i 的真实值和预测值的差异。我们使用 Battese 和 Coelli(1988)的随机前沿函数方法得到不随时间变化的技术无效率项,即 RTE= $\exp(-\eta_i | \alpha_i)$。整体效率可以由 PTE 和 RTE 相乘得到,即 OTE=PTE×RTE。对分布的假设可以将随时间变化的效率和不随时间变化的效率都识别出来。

为了与现有文献的结果进行比较,本章也选取了一些其他指标,如平均资产回报率(roaa)、平均股权回报率(roae)、资本充足率(CAR)、贷款损失准备(LLP)、流动覆盖率(LCR)和 Z-score。其中,roaa 和 roae 是衡量银行盈利能力的指标,roaa 和 roae 越大,银行盈利能力越强;CAR 是银行资本风险的代理变量(Shehzad et al.,2010),CAR 的值越大说明银行越稳定,资本风险越小;LLP 是衡量银行资产质量的代理变量(Iannotta et al.,2007),LLP 越高说明资产风险越高;LCR 是流动性风险的代理变量(Imbierowicz and Rauch,2014),LCR 越高说明流动性风险越低;Z-score 是用来衡量偿付风险的变量,Z-score 越高说明银行偿付风险越低。借鉴现有文献(Ariss,2010;Demirguc-Kunt and Huizinga,2010;Cheng et al.,2016)的方法,Z-score 的测算公式为:Z-score$_{it} = $(roaa$_{it}$ +CAR$_{it}$)÷sd(roaa),sd(roaa)是平均资产回报率在整个样本期间的标准差。

6.3.3 跨区域经营与银行绩效的实证模型

为了考察跨区域经营对银行绩效的影响,本节借鉴现有文献,采用以下回归模型作为研究的基准模型:

$$Y_{it} = \alpha_0 + \text{expan}_{it} + \sum \beta_{it} X_{it} + \eta_b + \eta_t \qquad (6-2)$$

其中，Y_{it} 是衡量银行绩效的变量，包括利润效率、成本效率、利息收入效率、非利息收入效率、平均资产回报率、平均股权回报率、资本充足率、贷款损失准备、流动覆盖比率和 Z-score。$expan_{it}$ 是衡量银行跨区域经营程度的指标。本章选取银行分支机构所在城市数量（citynum）、银行总部距分支机构所在城市的平均距离（dist_mean）以及银行总部距分支机构所在城市的加权平均距离（dist_mean_w）作为银行跨区域经营的代理变量。其中，dist_mean_w 是以银行所在城市的分支机构数量作为权重。选取银行总部距离分支机构所在城市的平均距离和加权平均距离作为银行跨区域经营的代理变量，是因为中国的银行大部分是以城市商业银行和农村商业银行为代表的区域性中小银行。中小银行通常在总部城市设立大量的网点，在跨区域经营的城市设立的网点密度要远低于总部所在城市。因此，使用距离指标作为银行跨区域经营代理变量可以更精准地刻画中小银行跨区域经营的程度。X_{it} 是一系列控制变量，包括银行资产规模、不良贷款率、贷款占总资产比例、非利息支出、利息收入、银行总部城市企业数量、银行总部城市总人口、银行总部城市人均国内生产总值、根据银行总部城市分支机构数量计算的 HHI 指标等（各指标的描述性统计见表 6-3）。η_b 和 η_t 分别为银行类型固定效应和年份固定效应。在中国，银行的跨区域经营受到国家政策的影响。2006年中国银监会颁布的《城市商业银行异地分支机构管理办法》和2009年出台的《关于中小银行分支机构市场准入政策的调整意见（试行）》，都从政策上影响了中小银行的跨区域经营战略。现有文献中，一些学者采用时间虚拟变量作为政策效应的代理变量，探究政策对银行跨区域经营的影响（Cai et al.，2016；蔡卫星，2016）。在实证模型中，本章加入了年份固定效应，可以有效地控制政策因素对银行跨区域经营的影响。

由于银行的跨区域经营与银行绩效之间存在着潜在的内生性问题，比如逆向因果关系，所以银行的跨区域经营决策可能受银行绩效的影响。经营绩效较好的银行有可能会积极地进行地理扩张，寻求更大的市场。另外，银行一些不可观测的特征也有可能导致最小二乘法的估计量出现偏差。因此，准确地识别银行跨区域经营与银行绩效之间的因果关系是银行跨区域经营研究中一个需要重点解决的问题（蔡卫星，2016）。

为了解决方程（6-2）中基准回归模型中的内生性问题，我们采用工具变量法对跨区域经营与银行绩效的关系进行估计。为了给工具变量法找一个合适的工具变量，本章选取银行总部与分支机构所在城市的平均方言距离（diadist）作为工具变量。

本章根据《中国语言地图集》（第2版）构造了一个银行总部与分支机构所在城市之间方言距离的变量 dialect。如果银行总部所在城市的方言与分支机构所在城市的方言同属十个方言大区中的官话区但不属于同一官话区，则 dialect 取值为1，若同属于其他非官话大区或同一个官话区则 dialect 取值为2，若同属于同一方言片则 dialect 取值为3，若同属于一个方言小片则 dialect 取值为4。我们对银行总部和所有分支机构所在城市的方言距离取平均值，得到了银行跨区域经营的平均方言距离变量（diadist）。银行在进行跨区域经营时，考虑到总部与分支机构所在城市的文化差异，更倾向于在文化相近、方言相似的地区设立分支机构。另外，地区之间的方言距离通常与地区之间的物理距离密切相关。一般而言，方言相近的地区距离更近一些。因此，方言距离会影响银行的跨区域经营策略。但是，各地的方言距离是外生的，不会直接对银行的绩效造成影响。所以，本章选取的工具变量 diadist 满足了相关性和外生性条件①。

在工具变量法的第一阶段，模型设定如下：

$$\text{expan}_{it} = \alpha_0 + \alpha_1 \text{diadist}_{it} + \sum \beta_{it} X_{it} + \eta_b + \eta_t \qquad (6-3)$$

其中，expan_{it} 是银行 i 在 t 年跨区域经营的变量，以银行分支机构所在城市数量（citynum）、银行总部与分支机构所在城市的平均距离（dist_mean）以及银行总部与分支机构所在城市的加权平均距离（dist_mean_

---

① 因为外生性意味着工具变量 diadist 影响银行绩效的唯一渠道是通过跨区域经营变量，排除了所有其他的可能影响渠道，所以工具变量的外生性也被称为"排他性约束"。

w)来衡量。$diadist_{it}$ 是上文中的工具变量,即方言平均距离。X_{it} 是一系列与方程(6-2)相同的控制变量,η_b 和 η_t 分别为银行类型固定效应和年份固定效应。

在工具变量法的第二阶段,将第一阶段回归得到的 $expan_{it}$ 的拟合值放进方程(6-1)。工具变量法第二阶段的模型设定为:

$$Y_{it} = \alpha_0 + \widehat{expan}_{it} + \sum \beta_{it} X_{it} + \eta_b + \eta_t \qquad (6-4)$$

其中,Y_{it} 为衡量银行绩效的变量,$\widehat{expan}_{it}$ 为第一阶段得到的 $expan_{it}$ 的拟合值,X_{it} 是一系列与方程(6-2)相同的控制变量,η_b 和 η_t 分别为银行类型固定效应和年份固定效应。

6.4 实证结果分析

6.4.1 跨区域经营与银行绩效的实证分析结果

表6-4汇总了银行跨区域经营对银行绩效影响的基准回归结果。跨区域经营的指标为银行分支机构所在城市的数量,在回归中我们取了对数。为了消除异方差影响,我们还对银行资产规模(size)、非利息支出(nintexp)、利息收入(intinc)、银行总部所在城市的企业数量(companynum)、人口数量(pop)和人均国内生产总值(pgdp)都取了对数。从表中可以看出,列(1)、(3)和(4)中 lncitynum 的系数均为负,而列(2)中的系数为正,说明跨区域经营会降低银行利润效率、利息收入效率和非利息收入效率,但会提高银行的成本效率。跨区域经营之所以能够提高银行的成本效率,一个可能的原因是银行通过跨区域经营可以在不同分支机构之间更加合理地分配资源(尤其是人力资源),从而削减经营成本,提高成本效率。列(5)中 lncitynum 的系数显著为负,说明跨区域经营会降低银行的资产收益率。另外,列(6)和(9)中 lncitynum 的系数为正但是不显著,列(7)、(8)和(10)中 lncitynum 的系数为负但不显著。

表 6 - 4　银行跨区域经营对银行绩效影响的回归结果：基准结果

	(1) eff_pro	(2) eff_cos	(3) eff_inc	(4) eff_ninc	(5) roaa	(6) roae	(7) CAR	(8) LLP	(9) LCR	(10) Z-score
lncitynum	-0.026*** (0.009)	0.004 (0.004)	-0.014 (0.008)	-0.003 (0.019)	-0.001 (0.0004)	0.025 (0.134)	-0.002 (0.004)	-0.050 (0.625)	0.130 (0.847)	-1.883 (1.505)
lnsize	-0.025 (0.022)	0.075*** (0.009)	-0.319*** (0.019)	-0.093** (0.044)	0.001 (0.0009)	-0.056 (0.302)	-0.054*** (0.009)	-3.571** (1.477)	0.487 (2.162)	-16.270*** (3.373)
NPL	-0.062 (0.126)	-0.070 (0.052)	-0.015 (0.109)	0.129 (0.249)	-0.013*** (0.005)	3.423* (1.722)	-0.033 (0.059)	-6.063 (8.459)	1.309 (10.67)	-5.876 (22.36)
loanasset	-0.097 (0.06)	0.135*** (0.025)	-0.573*** (0.052)	-0.141 (0.119)	0.009*** (0.003)	0.165 (0.824)	-0.147*** (0.025)	16.740*** (3.818)	-0.864 (5.081)	-47.360*** (9.164)
lnnintexp	-0.001 (0.008)	-0.054*** (0.003)	-0.023*** (0.007)	0.001 (0.016)	0.0002 (0.0004)	-0.020 (0.11)	-0.005 (0.003)	-0.644 (0.482)	0.044 (1.377)	-2.266* (1.185)
lnnintinc	0.027** (0.011)	0.018*** (0.004)	0.265*** (0.009)	0.053** (0.021)	0.001*** (0.0004)	0.048 (0.148)	-0.013*** (0.004)	-1.087 (0.693)	-0.196 (1.084)	-7.185*** (1.621)
lncompanynum	-0.023 (0.018)	0.003 (0.007)	0.026* (0.015)	-0.036 (0.035)	-0.001* (0.0008)	0.194 (0.241)	0.014* (0.007)	2.318* (1.243)	-0.906 (1.513)	8.825*** (2.697)
lnpop	0.105* (0.056)	-0.049** (0.023)	0.024 (0.049)	0.150 (0.111)	0.001 (0.002)	-0.323 (0.768)	0.019 (0.03)	-1.897 (4.903)	-0.321 (5.483)	0.807 (9.778)

（续表）

	(1) eff_pro	(2) eff_cos	(3) eff_inc	(4) eff_ninc	(5) roaa	(6) roae	(7) CAR	(8) LLP	(9) LCR	(10) Z-score
lmpgdp	0.025 (0.024)	-0.007 (0.009)	0.024 (0.02)	-0.065 (0.047)	0.0015 (0.001)	-0.121 (0.322)	0.005 (0.009)	1.351 (1.443)	-1.180 (1.878)	2.623 (3.519)
HHI	0.108 (0.134)	-0.054 (0.055)	-0.113 (0.115)	-0.126 (0.263)	0.001 (0.006)	0.156 (1.822)	-0.102* (0.058)	0.386 (9.35)	-3.030 (14.63)	-50.050** (21.53)
constant	-0.015 (0.431)	0.756*** (0.177)	1.864*** (0.373)	1.121 (0.849)	-0.017 (0.0185)	1.868 (5.883)	0.274 (0.19)	18.660 (36.01)	18.820 (38.25)	75.910 (71.18)
banktype FE	✓	✓	✓	✓	✓	✓	✓	✓	✓	✓
year FE	✓	✓	✓	✓	✓	✓	✓	✓	✓	✓
observations	835	835	835	834	835	835	792	722	589	792
R-squared	0.040	0.342	0.559	0.024	0.561	0.060	0.295	0.120	0.013	0.297
number of id	129	129	129	129	129	129	128	123	111	128

注：括号内为标准误，*** 表示 1% 的显著性水平，** 表示 5% 的显著性水平，* 表示 10% 的显著性水平。

表6-5 银行跨区域经营对银行绩效影响的回归结果(dist_mean):基准结果(OLS)

	(1) eff_pro	(2) eff_cos	(3) eff_inc	(4) eff_ninc	(5) roaa	(6) roae	(7) CAR	(8) LLP	(9) LCR	(10) Z-score
lndist_mean	-0.003 (0.003)	0.0033*** (0.001)	-0.002 (0.002)	0.001 (0.006)	2.97e-05 (0.0001)	0.053 (0.040)	-0.0007 (0.001)	0.0385 (0.191)	-0.00599 (0.243)	-0.304 (0.448)
lnsize	-0.039* (0.021)	0.0741*** (0.008)	-0.326*** (0.018)	-0.096** (0.042)	0.0004 (0.0009)	-0.0934 (0.291)	-0.054*** (0.008)	-3.652** (1.426)	0.566 (2.136)	-17.28*** (3.241)
NPL	-0.072 (0.128)	-0.054 (0.052)	-0.0242 (0.110)	0.134 (0.250)	-0.0121** (0.005)	3.675** (1.731)	-0.0356 (0.060)	-5.791 (8.530)	1.130 (10.73)	-5.987 (22.55)
loanasset	-0.113* (0.060)	0.136*** (0.024)	-0.581*** (0.052)	-0.143 (0.118)	0.008*** (0.002)	0.159 (0.818)	-0.148*** (0.0244)	-16.78*** (3.804)	-0.821 (5.085)	-48.48*** (9.121)
lnnintexp	-0.001 (0.008)	-0.053*** (0.003)	-0.023*** (0.007)	0.001 (0.016)	0.0002 (0.0003)	-0.0142 (0.110)	-0.005 (0.003)	-0.637 (0.483)	0.0671 (1.369)	-2.267* (1.186)
lninitinc	0.0261** (0.011)	0.019*** (0.004)	0.264*** (0.009)	0.053** (0.021)	0.001*** (0.0004)	0.0668 (0.149)	-0.0128*** (0.004)	-1.069 (0.697)	-0.217 (1.098)	-7.308*** (1.630)
lncompanynum	-0.024 (0.018)	0.0003 (0.007)	0.026* (0.015)	-0.036 (0.035)	-0.002* (0.0007)	0.148 (0.242)	0.0142* (0.007)	2.266* (1.255)	-0.871 (1.510)	8.818*** (2.717)
lnpop	0.103* (0.057)	-0.0454** (0.0231)	0.022 (0.048)	0.151 (0.111)	0.001 (0.002)	-0.259 (0.769)	0.017 (0.026)	-1.870 (4.903)	-0.422 (5.524)	0.549 (9.816)

（续表）

	(1) eff_pro	(2) eff_cos	(3) eff_inc	(4) eff_ninc	(5) roaa	(6) roae	(7) CAR	(8) LLP	(9) LCR	(10) Z-score
lnpgdp	0.029 (0.023)	-0.006 (0.009)	0.026 (0.020)	-0.064 (0.046)	0.0017* (0.001)	-0.106 (0.321)	0.004 (0.009)	1.372 (1.437)	-1.209 (1.870)	2.931 (3.510)
HHI	0.091 (0.134)	-0.049 (0.055)	-0.123 (0.116)	-0.127 (0.263)	0.0007 (0.006)	0.218 (1.819)	-0.103* (0.058)	0.408 (9.351)	-3.066 (14.63)	-50.580** (21.55)
constant	0.038 (0.433)	0.733*** (0.176)	1.896*** (0.373)	1.121 (0.849)	-0.015 (0.019)	1.563 (5.876)	0.281 (0.19)	18.820 (35.92)	19.240 (38.41)	79.990 (71.33)
banktype FE	√	√	√	√	√	√	√	√	√	√
year FE	√	√	√	√	√	√	√	√	√	√
observations	835	835	835	834	835	835	792	722	589	792
R-squared	0.031	0.348	0.558	0.024	0.555	0.063	0.295	0.120	0.013	0.296
number of id	129	129	129	129	129	129	128	123	111	128

注：括号内为标准误，*** 表示 1% 的显著性水平，** 表示 5% 的显著性水平，* 表示 10% 的显著性水平。为了保证 dist_mean 求对数后不会出现缺失值，我们对其加上一个常数后再求对数。

表 6-6　银行跨区域经营对银行绩效影响的回归结果（dist_mean_w）：基准结果（OLS）

	(1) eff_pro	(2) eff_cos	(3) eff_inc	(4) eff_ninc	(5) roaa	(6) roae	(7) CAR	(8) LLP	(9) LCR	(10) Z-score
lndist_mean_w	-0.030*** (0.006)	0.003 (0.003)	-0.009* (0.005)	0.017 (0.012)	-0.001*** (0.0003)	0.136* (0.082)	-0.001 (0.002)	0.621 (0.39)	-0.028 (0.538)	-0.238 (0.921)
lnsize	-0.027 (0.021)	0.076*** (0.009)	-0.324*** (0.019)	-0.105** (0.042)	0.001 (0.001)	-0.112 (0.291)	-0.055*** (0.009)	-4.087*** (1.438)	0.579 (2.147)	-17.440*** (3.249)
NPL	-0.182 (0.127)	-0.060 (0.053)	-0.049 (0.111)	0.201 (0.253)	-0.018*** (0.005)	3.980*** (1.751)	-0.035 (0.061)	-3.154 (8.621)	1.019 (11.00)	-5.158 (22.92)
loanasset	-0.106* (0.059)	0.137*** (0.025)	0.580*** (0.052)	-0.147 (0.118)	0.008*** (0.002)	0.146 (0.818)	-0.148*** (0.024)	17.180*** (3.804)	-0.804 (5.099)	48.500*** (9.127)
lnnintexp	-0.003 (0.008)	-0.054*** (0.003)	-0.023*** (0.007)	0.003 (0.016)	0.0001 (0.0003)	-0.011 (0.11)	-0.005 (0.003)	-0.618 (0.481)	0.069 (1.369)	-2.247* (1.187)
lnintinc	0.017 (0.011)	0.019*** (0.005)	0.262*** (0.01)	0.058*** (0.022)	0.001** (0.0005)	0.092 (0.15)	-0.013*** (0.004)	-0.953 (0.696)	-0.223 (1.101)	-7.273*** (1.648)
lncompanynum	0.0001 (0.018)	0.001 (0.008)	0.032** (0.016)	-0.051 (0.036)	-0.0003 (0.001)	0.076 (0.250)	0.014* (0.007)	1.804 (1.275)	-0.858 (1.535)	8.748*** (2.783)
lnpop	0.075 (0.056)	-0.047* (0.023)	0.016 (0.049)	0.168 (0.111)	6.83e-05 (0.00240)	-0.183 (0.771)	0.0180 (0.0263)	-1.043 (4.918)	-0.466 (5.603)	0.821 (9.841)

（续表）

	(1) eff_pro	(2) eff_cos	(3) eff_inc	(4) eff_ninc	(5) roaa	(6) roae	(7) CAR	(8) LLP	(9) LCR	(10) Z-score
lnpgdp	0.016 (0.023)	-0.007 (0.01)	0.023 (0.021)	-0.056 (0.047)	0.001 (0.001)	-0.060 (0.323)	0.005 (0.009)	1.662 (1.445)	-1.211 (1.87)	2.921 (3.53)
HHI	-0.034 (0.134)	-0.041 (0.056)	-0.158 (0.117)	-0.055 (0.267)	-0.005 (0.006)	0.739 (1.849)	-0.105* (0.058)	2.695 (9.442)	-3.000 (14.69)	-51.050** (21.72)
constant	0.206 (0.427)	0.735*** (0.178)	1.939*** (0.374)	1.021 (0.850)	-0.007 (0.018)	1.007 (5.889)	0.281 (0.191)	14.830 (35.93)	19.410 (38.56)	78.990 (71.51)
banktype FE	√	√	√	√	√	√	√	√	√	√
year FE	√	√	√	√	√	√	√	√	√	√
observations	835	835	835	834	835	835	792	722	589	792
R-squared	0.066	0.342	0.559	0.027	0.573	0.064	0.295	0.124	0.013	0.296
number of id	129	129	129	129	129	129	128	123	111	128

注：括号内为标准误，*** 表示1%的显著性水平，** 表示5%的显著性水平，* 表示10%的显著性水平。为了保证dist_mean_w求对数后不会出现缺失值，我们对其加上一个常数后再求对数。

为了考察不同跨区域经营指标的选取是否对结果产生影响,我们还采用银行总部与分支机构所在城市的平均距离(dist_mean)以及银行总部与分支机构所在城市的加权平均距离(dist_mean_w)作为跨区域经营的代理变量,用普通最小二乘法进行估计。表6-5和表6-6分别报告了以dist_mean和dist_mean_w为跨区域经营代理变量得到的最小二乘法回归结果。从中可以看出,将跨区域经营的代理变量替换后所得到的结果与表6-4中的结果是一致的。

考虑到银行跨区域经营的内生性问题,本章采用工具变量法克服基准回归方法中可能存在的内生性。表6-7汇总了工具变量法第一阶段的回归结果。从中可以看出,列(1)~(3)的模型中,工具变量diadist的系数都为负且都在1%的统计水平上显著。这说明,方言距离会影响银行的跨区域经营决策,方言距离越近,银行跨区域在该地区设立分支机构的意愿越强。表6-7中对工具变量的F检验结果也说明diadist确实可以为银行跨区域经营提供相应的工具变量。

表6-7　银行跨区域经营对银行绩效影响的回归结果(工具变量法):第一阶段结果

	(1)	(2)	(3)
	lncitynum	lndist_mean	lndist_mean_w
diadist	-0.509***	-1.608***	-0.658***
	(0.023)	(0.078)	(0.042)
lnsize	-0.502***	0.456**	0.303***
	(0.063)	(0.215)	(0.117)
NPL	-0.300	-5.141***	-4.252***
	(0.376)	(1.273)	(0.691)
loanasset	0.617***	0.292	0.206
	(0.179)	(0.605)	(0.329)
lnnintexp	0.014	-0.053	-0.042
	(0.024)	(0.082)	(0.044)
lnintinc	0.082	-0.112	-0.223***
	(0.033)	(0.11)	(0.060)

（续表）

	(1) lncitynum	(2) lndist_mean	(3) lndist_mean_w
lncompanynum	−0.057 (0.053)	0.190 (0.181)	0.592*** (0.098)
lnpop	0.246 (0.168)	−0.272 (0.570)	−0.647** (0.309)
lnpgdp	−0.066 (0.070)	−0.129 (0.239)	−0.277** (0.129)
HHI	0.842** (0.398)	0.032 (1.346)	−3.795*** (0.731)
bank-type FE	√	√	√
year FE	√	√	√
F test of excluded instruments	486.71***	423.92***	240.5***
observation	830	830	830

注：括号内为标准误，＊＊＊表示1%的显著性水平，＊＊表示5%的显著性水平，＊表示10%的显著性水平。为了保证dist_mean和dist_mean_w求对数后不会出现缺失值，我们对dist_mean和dist_mean_w分别加上一个常数后再求对数。

接下来，我们将考察工具变量法估计的跨区域经营对银行绩效影响的结果。表6-8给出了工具变量的不可识别检验和弱工具变量检验的结果。从表中的结果来看，第一阶段的工具变量diadist通过了工具变量检验，是有效的工具变量。从列（1）~（4）中可以看出，lncitynum的系数在银行利润效率、利息收入效率和非利息收入效率模型中都为负，且分别在利润效率和利息收入效率模型中统计上显著。但是，在成本效率模型中，lncitynum的系数显著为正。这说明跨区域经营会降低银行的利润效率和非利息收入效率，却能够提高银行的成本效率。列（5）~（8）中lncitynum的系数都不显著，说明跨区域经营对银行其他收益和风险的影响并不显著。

表6-8 银行跨区域经营对银行绩效影响的回归结果（工具变量置法 citynum）：第二阶段结果

	(1) eff_pro	(2) eff_cos	(3) eff_inc	(4) eff_ninc	(5) roaa	(6) roae	(7) CAR	(8) LLP	(9) LCR	(10) Z-score
lncitynum	-0.044*** (0.015)	0.012** (0.006)	-0.031** (0.013)	-0.005 (0.029)	-0.001 (0.001)	0.171 (0.204)	-0.003 (0.006)	-0.706 (0.919)	-0.030 (1.304)	-0.214 (2.293)
lnsize	-0.013 (0.023)	0.069*** (0.009)	-0.308*** (0.02)	-0.093** (0.046)	0.001 (0.001)	-0.155 (0.316)	-0.054*** (0.009)	-3.105** (1.530)	0.575 (2.178)	-17.41*** (3.526)
NPL	-0.066 (0.124)	-0.068 (0.051)	-0.019 (0.108)	0.129 (0.244)	-0.013** (0.005)	3.452** (1.695)	-0.033 (0.059)	-6.500 (8.315)	1.133 (10.46)	-4.058 (22.06)
loanasset	-0.085 (0.060)	0.129*** (0.025)	-0.562*** (0.052)	-0.140 (0.118)	0.009*** (0.003)	0.069 (0.817)	-0.147*** (0.024)	16.390*** (3.766)	-0.821 (4.959)	48.430*** (9.075)
lnnintexp	-0.001 (0.008)	-0.054*** (0.003)	-0.023*** (0.007)	0.0015 (0.016)	0.0002 (0.0003)	-0.019 (0.108)	-0.005 (0.003)	-0.662 (0.474)	0.072 (1.353)	-2.238* (1.164)
lnnintinc	0.027** (0.011)	0.018*** (0.004)	0.265*** (0.009)	0.053** (0.021)	0.001*** (0.0005)	0.047 (0.146)	-0.013*** (0.004)	-1.112 (0.681)	-0.215 (1.063)	-7.196*** (1.593)
lncompanynum	-0.019 (0.018)	0.0013 (0.007)	0.029* (0.015)	-0.035 (0.035)	-0.001* (0.0007)	0.168 (0.238)	0.014** (0.007)	2.446** (1.228)	-0.868*** (1.494)	8.594*** (2.661)
lnpop	0.104* (0.055)	-0.049** (0.023)	0.023 (0.048)	0.150 (0.109)	0.001 (0.002)	-0.315 (0.756)	0.019 (0.026)	-1.681 (4.817)	-0.419 (5.38)	1.057 (9.613)

（续表）

	(1) eff_pro	(2) eff_cos	(3) eff_inc	(4) eff_ninc	(5) roaa	(6) roae	(7) CAR	(8) LLP	(9) LCR	(10) Z-score
lnpgdp	0.021 (0.023)	-0.005 (0.009)	0.020 (0.02)	-0.066 (0.046)	0.002 (0.001)	-0.087 (0.319)	0.004 (0.009)	1.207 (1.424)	-1.214 (1.842)	2.975 (3.478)
HHI	0.117 (0.132)	-0.058 (0.054)	-0.104 (0.114)	-0.125 (0.259)	0.001 (0.006)	0.077 (1.795)	-0.102* (0.056)	0.494 (9.179)	-3.085 (14.26)	-50.330** (21.16)
underidentification	0.000	0.000	0.000	0.000	0.000	0.000	0.000	0.000	0.000	0.000
weak IV test (F-stat)	486.711	486.711	486.711	483.36	486.711	486.711	456.608	463.592	303.264	456.608
10% maximal IV size	16.38	16.38	16.38	16.38	16.38	16.38	16.38	16.38	16.38	16.38
banktype FE	✓	✓	✓	✓	✓	✓	✓	✓	✓	✓
year FE	✓	✓	✓	✓	✓	✓	✓	✓	✓	✓
observations	830	830	830	829	830	830	788	715	583	788
R-squared	0.035	0.338	0.556	0.024	0.560	0.059	0.295	0.119	0.013	0.296
number of id	124	124	124	124	124	124	124	116	105	124

注：括号内为标准误，*** 表示 1% 的显著性水平，** 表示 5% 的显著性水平，* 表示 10% 的显著性水平。

我们分别用 dist_mean 和 dist_mean_w 作为跨区域经营的代理变量,得到了工具变量法的回归结果。表 6-9 和表 6-10 分别汇总了 dist_mean 和 dist_mean_w 的结果。从表 6-9 的结果来看,lndist_mean 的系数在利润效率模型和利息收入效率模型中显著为负,说明跨区域经营降低了银行的利润效率和利息收入效率。lndist_mean 在成本效率模型中的系数为正且在 1‰ 的水平上显著,表明跨区域经营能够提高银行的成本效率水平。在列(5)~(8)的收益和风险模型中,lndist_mean 的系数都不显著,表明跨区域经营对银行其他收益和风险的影响并不显著。表 6-10 显示了与表 6-9 类似的结果。从表 6-9 和表 6-10 可以看出,以 dist_mean 和 dist_mean_w 作为跨区域经营的变量与表 6-8 的结果是一致的。

6.4.2 稳健性检验

在本章研究的样本区间(2002—2016 年)内,以中、农、工、建为代表的四大国有银行已经进行了比较充分的地理扩张。因此,跨区域经营对四大国有商业银行经营绩效的影响可能并不像其他中小银行一样强烈。为了检验基准结果的稳健性,我们删除了基准样本中的四大行的观测值,使用工具变量法对子样本进行回归。表 6-11 汇总了去除国有银行数据后,以 citynum 作为跨区域经营变量所得到的回归结果。从中可以看出,列(1)和列(3)中 lncitynum 的系数显著为负,而列(2)中的系数显著为正。这表明,去除掉国有银行后,跨区域经营对银行绩效的影响仍然与基准结果保持一致。跨区域经营会降低银行的利润效率和利息收入,却能够提高银行的成本效率。但是,跨区域经营对于银行其他收益和风险指标并没有显著的影响。

表 6-12 汇总了以 dist_mean 作为跨区域经营变量,去除国有银行样本后的回归结果。其中,lndist_mean 的系数在利润效率模型和利息收入效率模型中显著为负,在成本效率模型中显著为正。表 6-13 汇总了以 dist_mean_w 作为银行跨区域经营变量的子样本的回归结果。lndist_mean_w 的系数在利润效率模型和利息收入效率模型中显著为

表 6 - 9 银行跨区域经营对银行绩效影响的回归结果(工具变量法 dist_mean):第二阶段结果

	(1) eff_pro	(2) eff_cos	(3) eff_inc	(4) eff_ninc	(5) roaa	(6) roae	(7) CAR	(8) LLP	(9) LCR	(10) Z-score
ldist_mean	-0.014*** (0.005)	0.004** (0.002)	-0.01** (0.004)	-0.001 (0.009)	-0.0003 (0.0002)	0.054 (0.065)	-0.001 (0.002)	-0.240 (0.312)	-0.009 (0.386)	-0.067 (0.713)
lnsize	-0.029 (0.022)	0.074*** (0.009)	-0.319*** (0.019)	-0.094** (0.042)	0.0008 (0.0009)	-0.094 (0.290)	-0.055*** (0.009)	-3.327*** (1.432)	0.570 (2.121)	-17.50*** (3.226)
NPL	-0.124 (0.128)	-0.052 (0.052)	-0.059 (0.11)	0.123 (0.248)	-0.014** (0.006)	3.679** (1.719)	-0.036 (0.060)	-7.514 (8.522)	1.112 (10.62)	-4.299 (22.50)
loanasset	-0.108* (0.060)	0.136*** (0.024)	-0.578*** (0.051)	-0.142 (0.116)	0.008*** (0.003)	0.159 (0.805)	-0.148*** (0.024)	-16.700*** (3.738)	-0.818 (4.970)	-48.550*** (8.958)
lnmintexp	-0.003 (0.008)	-0.053*** (0.003)	-0.024*** (0.007)	0.001 (0.016)	0.0002 (0.0003)	-0.014 (0.108)	-0.005 (0.003)	-0.677 (0.476)	0.067 (1.334)	-2.241* (1.166)
lnintinc	0.022** (0.011)	0.020*** (0.004)	0.262*** (0.009)	0.052** (0.021)	0.0013*** (0.0004)	0.067 (0.147)	-0.013*** (0.004)	-1.188* (0.694)	-0.219 (1.100)	-7.222*** (1.614)
lncompanynum	-0.014 (0.018)	-0.0002 (0.007)	0.033** (0.016)	-0.035 (0.035)	-0.001 (0.001)	0.148 (0.243)	0.014** (0.007)	2.571** (1.263)	-0.868 (1.490)	8.620*** (2.708)
lnpop	0.089 (0.056)	-0.045** (0.023)	0.013 (0.048)	0.148 (0.110)	0.001 (0.002)	-0.258 (0.758)	0.018 (0.026)	-2.184 (4.825)	-0.432 (5.488)	0.970 (9.691)

（续表）

	(1) eff_pro	(2) eff_cos	(3) eff_inc	(4) eff_ninc	(5) roaa	(6) roae	(7) CAR	(8) LLP	(9) LCR	(10) Z-score
lnpgdp	0.026 (0.024)	-0.007 (0.009)	0.024 (0.020)	-0.065 (0.046)	0.002 (0.001)	-0.105 (0.316)	0.004 (0.009)	1.296 (1.413)	-1.210 (1.825)	3.000 (3.451)
HHI	0.081 (0.133)	-0.048 (0.054)	-0.130 (0.114)	-0.129 (0.259)	0.0004 (0.006)	0.219 (1.789)	-0.103* (0.057)	0.190 (9.189)	-3.061 (14.260)	-50.420** (21.170)
underidentification	0.0000	0.0000	0.0000	0.0000	0.0000	0.0000	0.0000	0.0000	0.0000	0.0000
weak IV test (F-stat)	423.923	423.923	423.923	421.57	423.923	423.923	394.256	323.343	272.361	394.256
10% maximal IV size	16.38	16.38	16.38	16.38	16.38	16.38	16.38	16.38	16.38	16.38
banktype FE	√	√	√	√	√	√	√	√	√	√
year FE	√	√	√	√	√	√	√	√	√	√
observations	830	830	830	829	830	830	788	715	583	788
R-squared	0.013	0.348	0.552	0.024	0.551	0.063	0.295	0.117	0.013	0.296
number of id	124	124	124	124	124	124	124	116	105	124

注：括号内为标准误，*** 表示 1% 的显著性水平，** 表示 5% 的显著性水平，* 表示 10% 的显著性水平。为了保证 dist_mean 求对数后不会出现缺失值，我们对 dist_mean 加上一个常数后再求对数。

表6-10　银行跨区域经营对银行绩效影响的回归结果（工具变量法 dist_mean_w）：第二阶段结果

	(1) eff_pro	(2) eff_cos	(3) eff_inc	(4) eff_ninc	(5) roaa	(6) roae	(7) CAR	(8) LLP	(9) LCR	(10) Z-score
lndist_mean_w	-0.034*** (0.011)	0.009** (0.005)	-0.024** (0.010)	-0.004 (0.023)	-0.0008 (0.0005)	0.132 (0.158)	-0.002 (0.005)	-0.582 (0.761)	-0.022 (0.960)	-0.165 (1.766)
lnsize	-0.025 (0.021)	0.073*** (0.009)	-0.316*** (0.018)	-0.094** (0.043)	0.001 (0.001)	-0.110 (0.295)	-0.054*** (0.009)	-3.158** (1.509)	0.575 (2.172)	-17.48*** (3.283)
NPL	-0.196 (0.131)	-0.032 (0.055)	-0.111 (0.116)	0.115 (0.262)	-0.016*** (0.006)	3.962** (1.810)	-0.042 (0.064)	-8.721 (9.048)	1.049 (11.52)	-4.748 (24.05)
loanasset	-0.105* (0.058)	0.135*** (0.024)	-0.576*** (0.051)	-0.142 (0.116)	0.008*** (0.002)	0.148 (0.805)	0.148*** (0.024)	-16.39*** (3.785)	-0.809 (5.021)	-48.520*** (8.971)
lnnintexp	-0.003 (0.008)	-0.053*** (0.003)	-0.024*** (0.007)	0.001 (0.016)	0.0002 (0.0003)	-0.012 (0.109)	-0.005 (0.003)	-0.665 (0.476)	0.068 (1.336)	-2.243* (1.168)
lnnintinc	0.016 (0.011)	0.021*** (0.005)	0.257*** (0.009)	0.052** (0.022)	0.001** (0.0004)	0.090 (0.154)	-0.013*** (0.004)	-1.210* (0.702)	-0.221 (1.122)	-7.250*** (1.687)
lncompanynum	0.003 (0.02)	-0.005 (0.008)	0.045** (0.017)	-0.033 (0.039)	-0.0008 (0.0008)	0.080 (0.274)	0.015* (0.008)	2.780** (1.368)	-0.862 (1.574)	8.691*** (2.971)
lnpop	0.071 (0.056)	-0.040* (0.023)	0.0002 (0.049)	0.146 (0.112)	0.0007 (0.002)	-0.187 (0.771)	0.017 (0.026)	-2.729 (4.948)	-0.453 (5.776)	0.903 (9.811)

(续表)

	(1) eff_pro	(2) eff_cos	(3) eff_inc	(4) eff_ninc	(5) roaa	(6) roae	(7) CAR	(8) LLP	(9) LCR	(10) Z-score
lnpgdp	0.015 (0.023)	-0.004 (0.009)	0.016 (0.021)	-0.066 (0.047)	0.001 (0.001)	-0.062 (0.324)	0.004 (0.009)	1.081 (1.463)	-1.211 (1.826)	2.952 (3.522)
hhi	-0.048 (0.138)	-0.012 (0.058)	-0.221* (0.122)	-0.142 (0.276)	-0.002 (0.006)	0.721 (1.904)	-0.108* (0.0581)	-1.792 (9.650)	-3.015 (14.48)	-50.840** (21.76)
underidentification	0.000	0.000	0.000	0.000	0.000	0.000	0.000	0.000	0.000	0.000
weak Ⅳ test (F-stat)	240.499	240.499	240.499	238.159	240.499	240.499	227.025	199.39	193.523	227.025
10% maximal Ⅳ size	16.38	16.38	16.38	16.38	16.38	16.38	16.38	16.38	16.38	16.38
banktype FE	✓	✓	✓	✓	✓	✓	✓	✓	✓	✓
year FE	✓	✓	✓	✓	✓	✓	✓	✓	✓	✓
observations	830	830	830	829	830	830	788	715	583	788
R-squared	0.065	0.334	0.554	0.023	0.570	0.064	0.295	0.110	0.013	0.296
number of id	124	124	124	124	124	124	124	116	105	124

注：括号内为标准误，*** 表示 1% 的显著性水平，** 表示 5% 的显著性水平，* 表示 10% 的显著性水平。为了保证 dist_mean_w 对数后不会出现缺失值，我们对 dist_mean_w 加上一个常数后再求对数。

表 6-11　银行跨区域经营对银行绩效影响的回归结果（工具变量法 citynum）：去除国有银行的观测值

	(1) eff_pro	(2) eff_cos	(3) eff_inc	(4) eff_ninc	(5) roaa	(6) roae	(7) CAR	(8) LLP	(9) LCR	(10) Z-score
lncitynum	-0.045*** (0.016)	0.015** (0.006)	-0.035** (0.014)	-0.001 (0.032)	-0.001 (0.0007)	0.220 (0.219)	-0.004 (0.006)	-0.733 (0.987)	-0.049 (1.411)	-0.524 (2.422)
lnsize	-0.012 (0.023)	0.071*** (0.009)	-0.306*** (0.020)	-0.093** (0.047)	0.001 (0.001)	-0.068 (0.325)	-0.054*** (0.009)	-3.229** (1.574)	0.633 (2.259)	-17.570*** (3.581)
NPL	0.174 (0.147)	-0.053 (0.061)	-0.036 (0.128)	0.214 (0.295)	-0.014** (0.006)	5.001** (2.043)	-0.038 (0.060)	-10.360 (9.567)	1.070 (10.86)	-5.061 (22.62)
loanasset	-0.076 (0.063)	0.104*** (0.026)	-0.524*** (0.055)	-0.124 (0.127)	0.009*** (0.003)	0.048 (0.879)	-0.140*** (0.0253)	-16.920*** (4.007)	-0.739 (5.228)	-46.990*** (9.531)
lnninintexp	-0.0003 (0.008)	-0.052*** (0.003)	-0.024*** (0.007)	0.0013 (0.016)	0.0002 (0.0003)	-0.015 (0.112)	-0.006* (0.003)	-0.650 (0.496)	0.091 (1.405)	-2.406** (1.198)
lninintinc	0.025** (0.011)	0.018*** (0.005)	0.265*** (0.009)	0.052** (0.022)	0.002*** (0.0005)	0.037 (0.151)	-0.013*** (0.004)	-1.091 (0.708)	-0.234 (1.101)	-7.510*** (1.634)
lncompanynum	-0.019 (0.018)	0.008 (0.007)	0.024 (0.016)	-0.036 (0.036)	-0.0014* (0.00078)	0.261 (0.250)	0.014* (0.007)	2.408* (1.293)	-0.930 (1.559)	8.722*** (2.771)
lnpop	0.099* (0.056)	-0.059** (0.023)	0.033 (0.049)	0.152 (0.114)	0.002 (0.003)	-0.357 (0.788)	0.016 (0.026)	-1.899 (5.047)	-0.469 (5.567)	-0.055 (9.875)

（续表）

	(1) eff_pro	(2) eff_cos	(3) eff_inc	(4) eff_ninc	(5) roaa	(6) roae	(7) CAR	(8) LLP	(9) LCR	(10) Z-score
lnpgdp	0.022 (0.023)	-0.006 (0.009)	0.019 (0.021)	-0.068 (0.047)	0.001 (0.001)	-0.146 (0.331)	0.005 (0.009)	1.288 (1.484)	-1.351 (1.916)	3.479 (3.574)
HHI	0.113 (0.134)	-0.044 (0.055)	-0.109 (0.117)	-0.119 (0.269)	0.001 (0.006)	0.412 (1.862)	-0.111* (0.058)	0.138 (9.581)	-2.658 (14.77)	-53.420** (21.71)
underidentification	0.000	0.000	0.000	0.000	0.000	0.000	0.000	0.000	0.000	0.000
weak IV test (F-stat)	466.170	466.170	466.170	462.357	466.170	466.170	446.071	464.643	282.848	446.071
10% maximal IV size	16.38	16.38	16.38	16.38	16.38	16.38	16.38	16.38	16.38	16.38
banktype FE	√	√	√	√	√	√	√	√	√	√
year FE	√	√	√	√	√	√	√	√	√	√
observations	777	777	777	776	777	777	743	668	548	743
R-squared	0.034	0.353	0.562	0.024	0.549	0.074	0.308	0.119	0.014	0.303
number of id	120	120	120	120	120	120	120	112	101	120

注：括号内为标准误，*** 表示 1% 的显著性水平，** 表示 5% 的显著性水平，* 表示 10% 的显著性水平。

表6-12 银行跨区域经营对银行绩效影响的回归结果（工具变量法 dist_mean）：去除国有银行的观测值

	(1) eff_pro	(2) eff_cos	(3) eff_inc	(4) eff_ninc	(5) roaa	(6) roae	(7) CAR	(8) LLP	(9) LCR	(10) Z-score
lndist_mean	-0.014*** (0.004)	0.005** (0.002)	-0.011** (0.004)	-0.0003 (0.009)	-0.0003 (0.0002)	0.067 (0.067)	-0.001 (0.002)	-0.243 (0.328)	-0.014 (0.407)	-0.159 (0.736)
lnsize	-0.025 (0.022)	0.075*** (0.009)	-0.317*** (0.019)	-0.093** (0.044)	0.001 (0.001)	-0.003 (0.305)	-0.055*** (0.009)	-3.390** (1.511)	0.627 (2.213)	-17.750*** (3.340)
NPL	-0.235 (0.152)	-0.031 (0.061)	-0.083 (0.132)	0.213 (0.302)	-0.015** (0.006)	5.298** (2.086)	-0.042 (0.061)	-11.280 (9.841)	1.039 (11.03)	-5.590 (23.07)
loanasset	-0.108* (0.062)	0.115*** (0.025)	-0.548*** (0.054)	-0.125 (0.124)	0.008*** (0.003)	0.201 (0.859)	-0.143*** (0.024)	17.370*** (3.951)	-0.741 (5.219)	47.360*** (9.303)
lnmintexp	-0.0009 (0.008)	-0.052** (0.003)	-0.024*** (0.007)	0.001 (0.016)	0.0002 (0.0003)	-0.012 (0.112)	-0.005* (0.003)	-0.651 (0.496)	0.086 (1.397)	-2.407** (1.199)
lnnintinc	0.020* (0.011)	0.019*** (0.004)	0.261*** (0.009)	0.052** (0.022)	0.001*** (0.0004)	0.063 (0.152)	-0.014*** (0.004)	-1.170 (0.721)	-0.240 (1.142)	-7.574*** (1.656)
lncompanynum	-0.011 (0.0186)	0.005 (0.007)	0.031* (0.016)	-0.036 (0.037)	-0.001 (0.001)	0.217 (0.255)	0.015* (0.008)	2.600* (1.334)	-0.928 (1.568)	8.822*** (2.825)
lnpop	0.081 (0.057)	-0.053** (0.023)	0.019 (0.050)	0.152 (0.114)	0.001 (0.002)	-0.268 (0.790)	0.014 (0.026)	-2.456 (5.046)	-0.494 (5.696)	-0.316 (9.953)

（续表）

	(1) eff_pro	(2) eff_cos	(3) eff_inc	(4) eff_ninc	(5) roaa	(6) roae	(7) CAR	(8) LLP	(9) LCR	(10) Z-score
lnpgdp	0.026 (0.024)	−0.008 (0.009)	0.022 (0.021)	−0.068 (0.047)	0.001 (0.001)	−0.163 (0.328)	0.006 (0.009)	1.366 (1.475)	−1.346 (1.898)	3.531 (3.553)
HHI	0.087 (0.136)	−0.035 (0.055)	−0.129 (0.118)	−0.119 (0.269)	0.001 (0.006)	0.539 (1.860)	−0.111* (0.057)	0.024 (9.591)	−2.616 (14.76)	−53.510** (21.73)
underidentification	0.000	0.000	0.000	0.000	0.000	0.000	0.000	0.000	0.000	0.000
weak IV test (F-stat)	387.684	387.684	387.684	385.171	387.684	387.684	362.773	296	245.708	362.773
10% maximal IV size	16.38	16.38	16.38	16.38	16.38	16.38	16.38	16.38	16.38	16.38
banktype FE	✓	✓	✓	✓	✓	✓	✓	✓	✓	✓
year FE	✓	✓	✓	✓	✓	✓	✓	✓	✓	✓
observations	777	777	777	776	777	777	743	668	548	743
R-squared	0.014	0.359	0.556	0.024	0.539	0.077	0.307	0.118	0.014	0.303
number of id	120	120	120	120	120	120	120	112	101	120

注：括号内为标准误差，*** 表示 1% 的显著性水平，** 表示 5% 的显著性水平，* 表示 10% 的显著性水平。为了保证 dist_mean 求对数后不会出现缺失值，我们对 dist_mean 加上一个常数后再求对数。

表6-13 银行跨区域经营对银行绩效影响的回归结果(工具变量法 dist_mean_w):去除国有银行的观测值

	(1) eff_pro	(2) eff_cos	(3) eff_inc	(4) eff_ninc	(5) roaa	(6) roae	(7) CAR	(8) LLP	(9) LCR	(10) Z-score
lndist_mean_w	-0.034*** (0.012)	0.012** (0.005)	-0.026** (0.010)	-0.001 (0.024)	-0.0008 (0.0005)	0.164 (0.163)	-0.003 (0.004)	-0.588 (0.796)	-0.034 (1.001)	-0.391 (1.809)
lnsize	-0.020 (0.022)	0.074*** (0.009)	-0.312*** (0.019)	-0.093** (0.045)	0.001 (0.001)	-0.030 (0.311)	-0.054*** (0.009)	-3.195** (1.598)	0.635 (2.274)	-17.670*** (3.422)
NPL	-0.320** (0.157)	-0.002 (0.066)	-0.149 (0.140)	0.212 (0.321)	-0.017* (0.007)	5.710*** (2.216)	-0.051 (0.065)	-12.690 (10.57)	0.943 (11.99)	-6.627 (24.65)
loanasset	-0.108* (0.061)	0.115*** (0.026)	-0.548*** (0.054)	-0.125 (0.124)	0.008* (0.002)	0.201 (0.858)	-0.142*** (0.024)	17.130*** (3.988)	-0.729 (5.271)	-47.320*** (9.319)
lnmintexp	-0.001 (0.008)	-0.052*** (0.003)	-0.024*** (0.00712)	0.001 (0.016)	0.0002 (0.0003)	-0.011 (0.112)	-0.005* (0.003)	-0.631 (0.496)	0.088 (1.398)	-2.407** (1.199)
lnnintinc	0.014 (0.011)	0.022** (0.004)	0.256*** (0.01)	0.052** (0.023)	0.001** (0.0004)	0.091 (0.159)	-0.014*** (0.004)	-1.190 (0.729)	-0.243 (1.166)	-7.637*** (1.728)
lncompanynum	0.008 (0.02)	-0.001 (0.008)	0.045** (0.018)	-0.035 (0.041)	-0.0007 (0.0009)	0.126 (0.289)	0.016* (0.008)	2.828* (1.446)	-0.916 (1.658)	9.007*** (3.109)
lnpop	0.063 (0.056)	-0.047* (0.024)	0.006 (0.051)	0.152 (0.116)	0.001 (0.002)	-0.184 (0.801)	0.013 (0.026)	-2.995 (5.168)	-0.529 (6.015)	-0.476 (10.07)

（续表）

	(1) eff_pro	(2) eff_cos	(3) eff_inc	(4) eff_ninc	(5) roaa	(6) roae	(7) CAR	(8) LLP	(9) LCR	(10) Z-score
lnpgdp	0.013 (0.024)	-0.003 (0.010)	0.013 (0.021)	-0.068 (0.049)	0.001 (0.001)	-0.102 (0.338)	0.005 (0.009)	1.140 (1.530)	-1.346 (1.900)	3.402 (3.638)
HHI	-0.034 (0.140)	0.006 (0.059)	-0.223* (0.125)	-0.122 (0.286)	-0.002 (0.006)	1.127 (1.972)	-0.118** (0.059)	-1.882 (10.04)	-2.544 (15.00)	-54.430** (22.28)
underidentification	0.000	0.000	0.000	0.000	0.000	0.000	0.000	0.000	0.000	0.000
weak IV test (F-stat)	225.813	225.813	225.813	223.433	225.813	225.813	213.765	185.647	178.176	213.765
10% maximal IV size	16.38	16.38	16.38	16.38	16.38	16.38	16.38	16.38	16.38	16.38
banktype FE	√	√	√	√	√	√	√	√	√	√
year FE	√	√	√	√	√	√	√	√	√	√
observations	777	777	777	776	777	777	743	668	548	743
R-squared	0.069	0.339	0.558	0.024	0.559	0.078	0.306	0.111	0.014	0.302
number of id	120	120	120	120	120	120	120	112	101	120

注：括号内为标准误，*** 表示 1% 的显著性水平，** 表示 5% 的显著性水平，* 表示 10% 的显著性水平。为了保证 dist_mean_w 求后数对数不会出现缺失值，我们对 dist_mean_w 加上一个常数后再求对数。

负,在成本效率模型中显著为正。因此,表 6-12 和表 6-13 再次说明了基准结果的稳健性。

6.4.3　开通网上银行对银行跨区域经营的影响

网上银行作为银行的一种渠道创新,不仅影响着银行的整体绩效水平,也对银行的经营模式带来影响。本小节将研究网上银行渠道对银行跨区域经营的影响。为了考察网上银行对银行跨区域经营的影响,我们的实证模型设定如下:

$$\text{expan}_{it} = \alpha_0 + \alpha_1 \text{L.\,IB} + \sum X\beta + \eta_b + \eta_t \qquad (6-5)$$

其中,expan_{it} 是衡量银行跨区域经营程度的指标。我们将银行分支机构所在城市的数量(citynum)、银行总部与分支机构所在城市的平均距离(dist_mean)以及银行总部与分支机构所在城市的加权平均距离(dist_mean_w)作为银行跨区域经营的代理变量。L.\,IB 是网上银行是否开通的一阶滞后变量。由于网上银行开通对银行跨区域经营策略的影响有一定的时间滞后性,因此,方程(6-5)中的模型采用了 IB 的一阶滞后项。X 是一系列控制变量,包括银行资产规模(size)、不良贷款率(NPL)、贷款占总资产比例(loanasset)、非利息支出(nintexp)、利息收入(intinc)、银行总部所在城市企业数量(companynum)、银行总部所在城市总人口(pop)、银行总部所在城市人均国内生产总值(pgdp)、根据银行总部所在城市分支机构数量计算的 HHI 指标等。η_b 和 η_t 分别为银行类型固定效应和年份固定效应。

表 6-14 汇总了方程(6-5)的实证分析结果,其中列(1)～(3)是全样本回归结果,列(4)～(6)是去除四大国有银行样本的分析结果。列(1)～(3)中 L.\,IB 的系数都为负且都在 5% 的水平上显著,表明网上银行的开通一定程度上影响了银行跨区域经营的强度。网上银行渠道的出现使得银行间的竞争不再只是传统上以机构扩张为主的竞争,而是更多地以金融工具创新作为竞争手段(易纲等,2001)。网上银行渠道的存在让银行可以通过互联网为不同区域的顾客提供银行服务,通过业务

表6-14 开通网上银行对跨区域经营的影响

	全样本			去除国有银行样本		
	(1)	(2)	(3)	(4)	(5)	(6)
	lncitynum	lndist_mean	lndist_mean_w	lncitynum	lndist_mean	lndist_mean_w
L.IB	-0.142** (0.071)	-0.688** (0.301)	-0.285** (0.121)	-0.102 (0.066)	-0.675** (0.291)	-0.286** (0.123)
lnsize	0.530*** (0.086)	0.757** (0.297)	0.333 (0.238)	0.498*** (0.084)	0.733** (0.295)	0.324 (0.238)
NPL	-0.560 (0.452)	-4.571*** (1.690)	-4.936*** (1.040)	-1.028** (0.416)	-5.483** (2.337)	-5.544*** (1.401)
loanasset	0.118 (0.262)	-0.807 (0.823)	-0.290 (0.443)	0.485** (0.242)	-0.754 (0.930)	-0.460 (0.475)
lnmintexp	-0.005 (0.034)	-0.111 (0.084)	-0.064 (0.059)	-0.029 (0.027)	-0.109 (0.081)	-0.048 (0.052)
lnintinc	0.0208 (0.058)	-0.318 (0.210)	-0.222** (0.109)	0.008 (0.059)	-0.310 (0.214)	-0.200* (0.108)
lncompanynum	0.127 (0.085)	0.250 (0.211)	0.384** (0.166)	0.061 (0.078)	0.219 (0.219)	0.386** (0.169)
lnpop	-0.049 (0.093)	-0.428 (0.295)	-0.717*** (0.220)	0.028 (0.084)	-0.397 (0.302)	-0.714*** (0.221)

（续表）

| | 全样本 | | | 去除国有银行样本 | | |
	(1)	(2)	(3)	(4)	(5)	(6)
	lncitynum	lndist_mean	lndist_mean_w	lncitynum	lndist_mean	lndist_mean_w
lnpgdp	-0.135 (0.089)	-0.134 (0.271)	-0.422** (0.191)	-0.095 (0.086)	-0.109 (0.272)	-0.440** (0.192)
HHI	0.153 (0.610)	-0.854 (1.119)	-2.720 (2.867)	-0.120 (0.626)	-0.899 (1.145)	-2.471 (2.966)
constant	0.578 (1.206)	5.447** (2.577)	7.617** (2.969)	-0.424 (1.042)	5.806** (2.512)	9.099*** (2.853)
banktype FE	√	√	√	√	√	√
year FE	√	√	√	√	√	√
observations	674	674	674	625	625	625
number of id	123	123	123	119	119	119

注：括号内为稳健标准误，*** 表示 1% 的显著性水平，** 表示 5% 的显著性水平，* 表示 10% 的显著性水平。

创新来吸引顾客。列(4)～(6)是去掉四大国有银行样本的实证结果。L. IB的系数在列(4)～(6)中都为负,并且在列(5)和列(6)中在5％的水平上显著,说明去除四大国有银行的观测值后,依然可以看到网上银行渠道对银行跨区域经营强度的降低作用。

6.5　本章结论

随着国内银行跨区域经营限制的逐步放松,越来越多的中小银行开始将跨区域经营作为竞争和发展的重要战略。在2009年中国银监会印发《关于中小商业银行分支机构市场准入政策的调整意见(试行)》之后,以城市商业银行和农村商业银行为代表的中小银行开始了一波跨区域经营的浪潮。银行跨区域经营对银行绩效的影响已成为各界关注和讨论的热点问题。在当今的移动互联时代,电子银行渠道的出现为银行的发展带来了新的机遇和挑战,银行的竞争不再是仅仅依靠实体机构的扩张,而是采用更加多元化的方式进行竞争。因此,随着网银渠道的发展,跨区域经营对银行绩效的作用变得更为复杂。

本章首先介绍了中国银行跨区域经营的制度背景,然后分别从理论和实证角度对银行跨区域经营与银行绩效之间的关系进行了考察研究。在实证研究中,本章使用银行总部与分支机构之间的方言距离克服了实证模型估计中的内生性问题,并且进行了一系列的稳健性检验,验证了本章结果的稳健性。在构造跨区域经营的指标时,本章选择了银行分支机构所在城市数量、银行总部与分支机构所在城市的平均距离以及银行总部与分支机构所在城市的加权平均距离作为跨区域经营的代理变量。相对于现有文献采用的跨区域经营二元变量和分支机构数量(王擎等,2012;蔡卫星等,2016),这些变量能够更好地度量银行跨区域经营的程度。最后本章还考察了电子银行的开通对银行地理扩张的影响。

本章的实证研究结果表明,跨区域经营会带来银行利润效率和利息收入效率的下降、银行成本效率的提高,但对银行的收益和风险没有显著的影响。另外,本章的研究还发现电子银行的开通会影响银行跨区域经营的强度。银行在开通电子银行后,跨区域扩张的强度会下降。因此,银行在实施地理扩张时,应当根据自身情况做出跨区域经营的决策,避免盲目和无效的跨区域经营。监管当局也应当正确地鼓励和引导银行稳步地进行跨区域经营,参与更大的市场竞争,进而提升中国银行业的整体竞争力。

第7章 主要结论与研究展望

本书系统地梳理了国内外有关银行效率、银行渠道创新和银行跨区域经营等方面的研究文献，同时介绍了中国银行业转型发展的历程，并从银行对新技术的采用、跨区域经营策略等角度研究了电子银行渠道、跨区域经营和银行绩效之间的关系。本书分别从理论和实证角度阐释了影响银行采用电子银行的因素，并采用中国银行业的数据对电子银行渠道与银行绩效之间的关系进行了分析。本书还探究了大型国有银行、股份制银行、城市商业银行以及农村商业银行等不同类型银行跨区域经营的模式和特点，并实证分析了跨区域经营对银行绩效的影响，以及电子银行开通对银行跨区域经营的影响。

作为对全书的总结，本章基于前文各章的研究，阐释本书的主要研究结论，并根据这些结论的政策含义提出相应的政策性建议，最后指出本书研究中的一些不足之处以及需要进一步研究的问题和方向。

7.1 研究结论

本书主要从电子银行渠道创新、跨区域经营与银行效率等方面探讨了电子银行、跨区域经营对银行绩效的影响。通过前文各章的理论研究和实证分析，本书可以得到如下的主要结论。

7.1.1 银行自身的经营状况和竞争对手的决策都会影响电子银行的采用

本书构造了一个电子银行开通影响因素的理论模型，理论模型表明，银行的地理扩张、实体网点密度和竞争对手的电子银行开通决策都会影响银行开展电子银行业务。而且，实证结果证实了理论模型的结论。本书的理论模型研究发现：第一，跨区域经营的银行比单一市场经营的银行更有优势，能够将开通电子银行的固定成本分摊到不同市场上；第二，由于电子银行与实体网点的替代关系，实体网点密度高的银行往往会推迟开通电子银行的时间，银行会根据自身比较优势调整电子银行和实体网点的服务供给；第三，对中小银行来说，开通电子银行可以看作一种防止高价值客户流失、保持市场地位的竞争策略。同时，本书的实证结果也表明，银行的规模、资产回报率、经济水平、市场竞争程度等因素显著地影响银行开通电子银行的决策。从实证分析中可以看出，银行自身的经营状况，如实体网点密度、财务状况等都是开通电子银行重要的影响因素，竞争对手是否开通电子银行也会影响银行开通电子银行的决策。

本书的理论与实证分析结果可以为银行开展电子银行业务的决策提供一些借鉴和启发。另外，电子银行采用影响因素的研究也为银行对电子银行渠道和实体网点渠道的有效管理带来一些启发。与传统的技术创新不同，电子银行是一种不仅会影响银行业也会影响人们日常生活的破坏性创新。电子银行的开通带来了银行业经营模式和经营理念的革新，推动了银行业发展传统渠道与网络渠道结合的经营模式，实现银行业经营理念由"产品中心主义"向"客户中心主义"的战略转变（李兴智和丁凌波，2003）。银行的经营者应该谨慎地考虑开通电子银行的决策，思考电子银行所带来的机遇和挑战。由于电子银行业务的不断发展，银行需要紧跟电子银行发展的趋势，通过电子银行提供更多的服务，开拓手机等终端的服务范围，使消费者更加深入地使用电子银行服务。同时，银行也需要仔细考虑电子银行所带来的风险，找到自身的比较优势，调整电子银行渠道和实体网点渠道的服务范围。

7.1.2　电子银行的开通显著影响银行的经营绩效

电子银行的出现可以使银行的客户通过移动终端设备随时随地在

互联网上获得银行的各项服务。不同于传统银行渠道通过实体网点提供银行服务,电子银行通过虚拟的数字网络提供差异化、个性化的产品和服务。电子银行渠道改变了以往银行只能通过增设网点扩大规模的竞争方式。电子银行是传统银行业在移动互联时代不断演进和发展的结果,其利用先进的信息技术提供比传统银行渠道更完善、更先进的银行产品和服务。因此,电子银行的开通将对银行的经营绩效带来深刻的影响。

本书的实证结果发现电子银行的开通能够显著影响银行的经营绩效。电子银行的开通能够提高银行的利润效率。尽管电子银行降低了银行的成本效率,但是提高了银行的非利息收入效率。银行利润效率的提高主要通过非利息收入效率的改善得以实现。在银行风险方面,电子银行渠道的应用会降低银行的贷款质量,同时也会增加银行的偿付风险。总而言之,电子银行的开通增加了银行的收益同时也带来了较高的风险。电子银行所带来的风险—收益效应存在管理能力、劳动力密集程度、资产规模以及特许权价值等不同的异质性。然而,电子银行渠道的丰富程度并不总是带来较高的收益,有时只是银行间竞争的一个工具而已。2017 年,中国人民银行印发了《中国金融业信息技术"十三五"发展规划》,强调了银行业采用信息技术的需求,将信息技术的利用作为推动金融创新的手段。本书的研究表明,发展规划所提出的促进银行发展金融技术的一系列政策对银行的经营绩效有着积极影响。尽管如此,银行在采用新技术的时候需要调整自身的风险管理方式,在提高经营绩效的同时能够防范和应对可能带来的风险。

7.1.3　不同类型银行的跨区域经营方式有着各自的特点

中国存在着不同类型的银行机构,大型国有银行、股份制银行、城市商业银行和农村商业银行是中国银行业的重要组成部分。本书考察了四类银行的跨区域经营模式。大型国有银行、股份制银行、城市商业银行和农村商业银行在跨区域经营的战略上有着非常大的差异。由于资产规模和银行定位的不同,大型国有银行的分支网点很早就已经遍布全国几乎所有的城市,大规模地理扩张的阶段已经结束;而股份制银行正在实施积极的跨区域经营战略,分支网点也已经分布于全国大多数大中城市;城市商业银行和农村商业银行由于资产规模较小,往往集中在总部所在地区附近设立分支网点。

2009 年以前,由于国家对中小银行在异地设立分支机构有着严格的规定,绝大部分的城市商业银行和农村商业银行都很难满足异地设立分支机构的要求。根据 2006 年中国银监会出台的《城市商业银行异地分支机构管理办法》,城市商业银行要在资产总额、注册资本、资本充足率、不良贷款率、贷款损失准备覆盖率、资产利润率、资本利润率以及人均资产等方面满足较高的要求才可以设立异地分支机构。政策的限制让中小银行难以实施跨区域经营战略。2009 年中国银监会印发了《关于中小商业银行分支机构市场准入政策的调整意见(试行)》,其核心内容就是放松对中小银行设立异地分支机构的限制。自此,众多的城市商业银行和农村商业银行才开始了大规模的跨区域经营。跨区域经营使中小银行突破发展的地域限制,获得了广阔的市场发展空间。尽管国家对中小银行跨区域经营的限制已经放松,但限于自身的资产规模,中小银行跨区域经营还是集中在银行总部附近的区域。中小银行跨区域经营时,往往优先在与银行总部所在城市文化相近的地方设立分支机构。分支机构所在城市与银行总部之间的距离也是影响中小银行跨区域经营的重要因素。考虑到距离增加会带来监督和管理成本增加,银行在进行地理扩张时通常会优先在附近城市设立分支网点。银行的跨区域经营是循序渐进的,不断向外扩张。另外,银行的跨区域经营往往选择市场规模较大的城市,而不是竞争性较小的地区。当市场规模足够大时,尽管市场竞争可能很激烈,银行也可以根据自身的优势找到市场位置,得到跨区域经营的好处。

7.1.4 跨区域经营显著影响银行的经营效率

在 2009 年中国银监会印发《关于中小商业银行分支机构市场准入政策的调整意见(试行)》之后,以城市商业银行和农村商业银行为代表的中小银行开始了跨区域经营的浪潮。在当今的移动互联时代,电子银行渠道的出现为银行的发展带来了新的机遇和挑战,银行之间竞争的方式不再是仅仅依靠实体机构的扩张,而是采用更加多元化的方式。因此,随着电子银行渠道的发展,跨区域经营对银行绩效的作用变得更为复杂。同国外银行相比,中国的中小银行更容易受到银行监管当局和地方政府的影响,影响其跨区域经营模式的因素较多。在当前移动互联时代,系统地考察跨区域经营与银行绩效之间的关系具有十分重要的理论和实践意义。

本书分别从理论和实证角度对银行跨区域经营与银行绩效之间的关系进行了考察研究。实证研究结果表明,跨区域经营会降低银行利润效率和利息收入效率,但是会提高银行成本效率。然而,跨区域经营对银行的收益和风险没有显著的影响。另外,本书的研究还发现电子银行的开通会影响银行的跨区域经营强度。银行在开通电子银行后,跨区域扩张的强度会下降。银行在实施地理扩张时,应当根据自身情况做出跨区域经营的决策,避免盲目和无效的跨区域经营。监管当局也应当正确地鼓励和引导银行稳步地进行跨区域经营,参与更高层次的市场竞争,进而提升中国银行业的整体竞争力。

7.2　政策建议

随着互联网时代的到来,越来越多的传统行业都开始加入互联网发展的浪潮,"互联网＋"成为知识社会创新2.0推动下的互联网形态演进及其催生的经济社会发展新形态。2015年发布的《国务院关于积极推进"互联网＋"行动的指导意见》(国发〔2015〕40号)指出,"互联网＋"是把互联网的创新成果与经济社会各领域深度融合,推动技术进步、效率提升和组织变革,提升实体经济创新力和生产力,形成更广泛的以互联网为基础设施和创新要素的经济社会发展新形态。"互联网＋传统行业"就是利用信息通信技术以及互联网平台,让互联网与传统行业进行深度融合,充分发挥互联网在社会资源配置中的优化和集成作用,将互联网的创新成果深度融入经济、社会各领域之中,提升全社会的创新力和生产力,形成更广泛的以互联网为基础设施和实现工具的经济发展新形态。

随着移动互联时代的到来,人们对银行业务多元化的需求、对银行的产品创新和渠道创新提出了新的要求。电子银行渠道已经成为银行展示新产品的重要渠道,对银行产品创新的影响也逐渐增大。传统银行将网点与直销团队作为零售业务的核心,而将电子银行作为备选渠道或直接渠道(布莱特·金,2017)。随着互联网技术的发展,电子银行业务不仅成为银行的一个新的营销渠道,更成为一个影响深远的技术变革。本书系统地探讨了银行渠道创新对银行绩效的影响,并实证分析了电子银行业务和实体分支机构跨区域经营对银行收益和风险的作用。根据实证研究结果,我们提出如下政策建议。

7.2.1　充分认识电子渠道对银行未来发展的作用,把握渠道创新的发展方向

电子银行作为银行的一种重要渠道创新,是伴随着电子商务、互联网金融等新兴商业业态快速发展起来的。电子银行影响着未来银行的盈利模式以及竞争方式,推动着银行业未来的格局变化。在瞬息万变的经济生活中,银行要密切关注市场对银行渠道创新和产品创新的需求,对先进技术和商业模式进行吸纳、整合和创新,努力打造全方位、全天候、智能化的电子渠道体系。电子银行渠道的竞争更多地体现在产品创新和服务创新方面。银行在电子银行渠道上的竞争不同于传统的在实体分支机构数量上的竞争,不再受限于银行的资产规模。中小银行可以通过电子银行渠道的产品创新吸引更多的客户,增加业务量,进而在市场上取得竞争优势。

随着电子商务、网上支付以及互联网金融的快速发展,传统的银行金融产品越来越难以满足移动互联时代人们对银行金融服务的个性化、多样化需求。银行要积极拥抱"互联网+"浪潮,加快传统金融服务的信息化建设,推动金融产品的电子渠道创新,提高自身的综合竞争力。

对于银行来说,电子银行不仅仅是业务渠道的升级,更是一种破坏性、颠覆性的创新。电子银行渠道不仅能够为银行带来新的竞争优势,也有可能削弱银行已有的竞争优势。传统的银行竞争主要通过实体分支机构的地理扩张抢占市场份额,实现资产规模的迅速扩大。这种大规模的机构竞争所依赖的仅仅是机构网络方面的实力,而不是银行资金运作效率或信贷资产质量的提高(易纲等,2001)。粗放的机构竞争使具有较大资产规模的全国性商业银行的机构数量在全国范围内迅速增加,而资产规模较小的地方性商业银行则很难与全国性商业银行进行充分竞争。电子银行渠道的出现则一定程度上改变了银行间竞争的模式,为地方性中小银行提供了与大银行进行竞争的条件。当前,电子银行渠道的发展还处在摸索、变革的阶段,互联网商业模式的巨大竞争潜力也日益凸显。以支付宝、微信支付、云闪付为代表的第三方支付平台也开始对电子银行渠道的发展产生了重要影响。因此,银行应当积极拓展电子银行渠道的创新路径,把握电子银行渠道的创新方向,在未来的市场竞争中取得竞争优势。

7.2.2 注重和防范电子银行渠道发展中的风险

电子银行在中国虽然已经经历了20多年的发展,但是电子银行的监管和风险管理依然在不断探索的过程中。电子银行渠道的普遍采用为银行提出了新的风险控制方面的挑战。银行风险的几种类型,如信用风险、利率风险、流动性风险、价格风险、外汇风险、交易风险、合规性风险、战略风险和声誉风险等,全都体现在电子银行渠道之中(刘海平,2000)。在中国,电子银行的战略风险、合规性风险和声誉风险更为突出(尹龙,2003)。当前,中国关于银行的规章制度主要针对传统的银行业务,而电子银行业务监管的规章制度还有待进一步完善。2001年,中国人民银行发布的《网上银行业务管理暂行办法》成为中国最早的电子银行业务管理规定。2006年,中国银行业监督管理委员会发布了《电子银行业务管理办法》,在银行内部控制机制、电子银行发展战略和规划、电子银行业务运营的基础设施等方面对电子银行的市场准入条件做出了较为具体的规定。

电子银行带来的不仅有收益，同时还带来了各种各样的风险。本书的实证研究结果也表明，电子银行渠道不仅带来了银行绩效的提高，同时也可能导致银行的经营风险上升。因此，银行必须均衡地考虑电子银行渠道所带来的风险和收益，在运用电子银行渠道时要全面考虑电子银行可能带来的经营风险，建立科学合理的内部控制体系，制定严格的风险管理制度。银行监管部门也应当充分利用金融数据资源，探索基于大数据的银行网上渠道风险监测预警机制，构建风险分析预测平台，更加精准地防范风险。

7.2.3　注重电子银行渠道与实体网点渠道之间的融合

实体分支机构渠道和电子银行渠道都是银行业务开拓的重要渠道，两者之间具有相互促进、相互依存和共同发展的关系。随着互联网时代的到来，越来越多的消费者更倾向于使用电子银行渠道获取银行的服务，银行柜台服务的交易量逐渐减少。电子银行渠道对银行实体分支网点的业务带来了巨大冲击，导致许多分支网点密度较高的银行纷纷有计划、有步骤地裁撤和整合网点。尽管电子银行渠道分走了实体网点的许多业务，但是电子银行渠道并不能完全取代传统银行。许多个性化和多元化的银行产品需要顾客和银行工作人员进行面对面的交流沟通，仅靠电子银行渠道则无法满足这些顾客的需求。

电子银行渠道是传统银行业在信息技术进步的作用下不断演进和发展的结果，仍然体现着银行作为金融中介的融资功能、支付功能和理财功能。传统的银行分支网点由于其深厚的社会基础，加之人们的生活习惯、社会心理、生产与消费的物质基础、生存竞争与市场行为等，不仅不会消亡，还会不断地创新发展（李兴智等，2003）。在未来的发展中，银行需要将电子银行渠道和实体网点渠道紧密结合起来，充分利用两者的优势，建设新型智慧网点，以降低营运成本、提升客户体验等方面为抓手，不断推进银行新业态的发展。

7.3 研究展望

随着移动互联时代的到来,智能手机、平板电脑等移动便携设备越来越普及,互联网深刻地改变了人们的行为模式和消费方式。互联网使人们可以随时随地办理业务,进行远程办公和网络购物。以移动支付、社交网络、搜索引擎、大数据和云计算等移动互联技术为代表的现代信息技术,将对人们的金融模式产生颠覆性的影响(谢平等,2012),推动互联网金融时代的到来。互联网金融模式主要体现为手机银行和 P2P 融资模式。随着互联网金融时代的到来,回报更高、门槛更低、服务更便捷的互联网金融产品对商业银行的盈利模式造成了巨大的冲击(李张珍,2016)。银行要主动拥抱移动互联时代,从银行渠道创新方面入手,推动网上渠道的发展,发掘新的竞争优势。

纵观银行业的发展历程,银行业经历了从网点柜台到电子化、网络化、移动互联网化,从人工服务、电话银行、自助银行到网上银行、手机银行、微信银行,从以业务为中心、以账户为中心到以客户体验为中心的转变。每一次技术进步的浪潮都推动着银行的一次变革。银行应当增加客户对网上渠道的依赖性,充分利用手机银行、微信银行等网上渠道的优势,降低银行产品和服务的成本,培养客户通过网上渠道获得服务的习惯,并打造与客户衣、食、住、行等场景融合的移动金融生态圈。另外,银行可以通过发展自身的电子商务平台,拓展服务的边界,将金融产品和服务与银行渠道整合起来,从"以业务为中心"向"以客户为中心"的经营模式转变。

本书分别从理论和实证角度阐释了影响银行采用电子银行的因素,分析了电子银行渠道对银行绩效的影响。同时又探究了不同类型银行跨区域经营的模式和特点,并实证分析了跨区域经营对银行绩效的影响,以及电子银行渠道对银行跨区域经营的影响。沿着本书的研究脉络,尚有一些问题需要进一步研究和探讨。

第一,在考察电子银行业务时,由于数据的难以获得性,无法搜集到各银行在不同年份所提供的电子银行服务的具体业务内容,本书在构造电子银行的变量时,只采用了银行是否开通网上银行渠道的虚拟变量作为代理变量。如果能够获得银行各年份电子银行的具体业务内容,将可构造出更精细的电子银行代理变量,更加深入地探究电子银行渠道创新的影响。

第二,本书所采用的样本区间是 2002—2016 年,在这段时间内全国性国有商业银行已经完成了大规模地理扩张的进程,而以城市商业银行和农村商业银行为代表的大多数中小银行还处在跨区域经营的热潮之中。电子银行渠道与实体网点渠道之间的相互作用也在不断演变,对于银行渠道创新的考察和探究也需要持续进行关注。

第三,虽然本书对电子银行渠道创新和银行绩效的关系进行了大量的实证分析,但是还有许多方面需要进一步研究。比如,电子银行渠道对银行业务种类的影响、电子银行对银行业竞争的作用等都是进一步研究中需要考察的议题。

参考文献

［1］ ACHARYA V, HASAN I, SAUNDERS A. Should banks be diversified? evidence from individual bank loan portfolios ［J］. Journal of Business, 2006(79): 1355 - 1412.

［2］ AFRIAT S N. Efficiency estimation of production functions ［J］. International Economic Review, 1972,13(3): 568 - 598.

［3］ AGUIRREGABIRIA V, CLARK R, WANG H. Diversification of geographic risk in retail bank networks: evidence from bank expansion after the Riegle-Neal Act ［J］. Rand Journal of Economics, 2016(47): 529 - 572.

［4］ AIGNER D J, CHU S F. On estimating the industry production function ［J］. The American Economic Review, 1968,58(4): 826 - 839.

［5］ AIGNER D, LOVELL C A K, SCHMIDT P. Formulation and estimation of stochastic frontier production models ［J］. Journal of Econometrics, 1977(6): 21 - 37.

［6］ AKHIGBE A, WHYTE M. Changes in market assessment of bank risk following the Riegle-Neal Act of 1994 ［J］. Journal of Banking and Finance, 2003(27): 87 - 102.

［7］ ASTEBRO T. Noncapital investment costs and the adoption of CAD and CNC in U. S. metalworking industries ［J］. The RAND Journal of Economics, 2002,33 (4): 672 - 688.

［8］ ATKINSON S E, PRIMONT D. Stochastic estimation of firm technology, inefficiency, and productivity growth using shadow cost and distance functions ［J］. Journal of Econometrics, 2002(108): 203 - 225.

［9］ ARISS R T. On the implications of market power in banking: evidence from developing countries ［J］. Journal of Banking and Finance, 2010(34): 765 - 775.

［10］ AVERBECK J. Irony and language expectancy theory: evaluations of expectancy violation outcomes ［J］. Communication studies, 2010(61): 356 - 372.

［11］ BAELE L, DE JONGHE O, VENNET V. Does the stock market value bank diversification? ［J］. Journal of Banking and Finance, 2007(31): 1999 - 2023.

［12］ BANDELJ A. Should banks be geographical diversified? empirical evidence from cross-country diversification of European banks [J]. European Journal of Finance, 2016,22(2): 143 – 166.

[13] BATTESE G E, COELLI T J. Prediction of firm-level technical efficiencies with a generalized frontier production function and panel data [J]. Journal of Econometrics, 1988,38(3): 387 – 399.

[14] BALASUBRAMANIAN S. Mail versus mall: a strategic analysis of competition between direct marketers and conventional retailers [J]. Marketing Science, 1998,17(3): 181 – 195.

[15] BAUER P W. Recent developments in the econometric estimation of stochastic frontiers [J]. Journal of Econometrics, 1990(46): 39 – 56.

[16] BENMELECH E, FRYDMAN C. Military CEOs [J]. Journal of Financial Economics, 2015,(117): 43 – 59.

[17] BENSTON G J. Economies of scale of financial institutions [J]. Journal of Money, Credit and Banking, 1972,4(2): 312 – 341.

[18] BERGER A N. The profit-structure relationship in banking—tests of market-power and efficient-structure hypotheses [J]. Journal of Money, Credit and Banking, 1995,27(2): 404 – 443.

[19] BERGER A, DEMSETZ R, STRAHAN P. The consolidation of the financial services industry: causes, consequences, and implications for the future [J]. Journal of Banking and Finance, 1999(23): 135 – 194.

[20] BERGER A N, DEYOUNG R. Problem loans and cost efficiency in commercial banks [J]. Journal of Banking and Finance, 1997,21(6): 849 – 870.

[21] BERGER A, DEYOUNG R. The effects of geographic expansion on bank efficiency [J]. Journal of Financial Services Research, 2001(19): 163 – 184.

[22] BERGER A, DEYOUNG R. Technological progress and geographic expansion of the banking industry [J]. Journal of Money, Credit and Banking, 2006,38(6): 1483 – 1513.

[23] BERGER A N, HUMPHREY D B. Efficiency of financial institutions: international survey and directions for future research [J]. European Journal of Operational Research, 1997(98): 175 – 212.

[24] BERGER A N, HASAN I, ZHOU M. Bank ownership and efficiency in China: what will happen in the world's largest nation? [J]. Journal of Banking and Finance, 2009(33): 113 – 130.

[25] BERGER A N, HASAN I, ZHOU M. The effects of focus versus diversification on bank performance: evidence from Chinese banks [J]. Journal of Banking and Finance, 2010,34(7): 1417 – 1435.

[26] BERGER A N, MESTER L J. Inside the black box: what explains differences in the efficiencies of financial institutions? [J]. Journal of Banking and Finance, 1997,21(7): 895 – 947.

［27］ BERRY D, JAMES P, MUELLER J, HILLER W. Linguistic bases of social perception［J］. Personality & Social Pschology Bulletin, 1997, 23（5）: 526 - 537.

［28］ BHATTACHARYA S, CHATTERJEE K, SAMUELSON L. Sequential research and the adoption of innovations［R］. Oxford Economic Papers, 1986.

［29］ BOOT W, SCHMEITS A. Market discipline and incentive problems in conglomerate firms with applications to banking［J］. Journal of Financial Intermediation, 2000 （9）: 240 - 273.

［30］ BRICKLEY J, LINCK J, SMITH W. Boundaries of the firm: evidence from the banking industry［J］. Journal of Financial Economics, 2003（70）: 351 - 383.

［31］ BRYNJOLFSSON E, HITT L M. Beyond computation: information technology, organizational transformation and business performance［J］. Journal of Economic perspectives, 2000, 14（4）: 23 - 48.

［32］ BRYNJOLFSSON E, HU Y J, RAHMAN M. Competing in the age of omnichannel retailing［J］. MIT Sloan Management Review, 2013（5）: 1 - 7.

［33］ BRYNJOLFSSON E, HU Y J, SMITH M D. Long tails vs. superstars: the effect of information technology on product variety and sales concentration patterns ［J］. Information System Research, 2010, 21（4）: 736 - 747.

［34］ CAI W, XU F, ZENG C. Geographical diversification and bank performance: evidence from China［J］. Economics Letters, 2016（147）: 96 - 98.

［35］ CAMPELLO M. Internal capital markets in financial conglomerates: evidence from small bank responses to monetary policy［J］. The Journal of Finance, 2002, 57（6）: 2773 - 2805.

［36］ CATTANI K, GILLAND W, HEESE H S, SWAMINATHAN J. Boiling frogs: pricing strategies for a manufacturer adding a direct channel that competes with the traditional channel［J］. Production and Operations Management, 2006, 15（1）: 40 - 56.

［37］ CECCAGNOLI M. Appropriability, preemption, and firm performance［J］. Strategic Management Journal, 2009, 30（1）: 81 - 98.

［38］ CHENG M, GENG H, ZHANG J. Chinese commercial banks: benefits from foreign strategic investors?［J］. Pacific-Basin Finance Journal, 2016（40）: 147 - 172.

［39］ CHIANG W K, CHHAJED D, HESS J D. Direct marketing, indirect profits: a strategic analysis of dual-channel supply-chain design［J］. Management Science, 2003, 49（1）: 1 - 20.

［40］ CHONG S. The effects of interstate banking on commercial banks' risk and profitability［J］. The Review of Economics and Statistics, 1991（73）: 78 - 84.

［41］ CICIRETTI R, HASAN I, ZAZZARA C. Do Internet activities add value? evidence from the traditional banks［J］. Journal of Financial Services Research,

2009,35(1): 81 - 98.

[42] CORRICHER N. Internet adoption in Italian banks: an empirical investigation [J]. Research Policy, 2006(35): 533 - 544.

[43] COURCHANE M, NICKERSON D, SULLIVAN R. Investment in internet banking as a real option: theory and tests [J]. Journal of Multinational Financial Management, 2002(12): 347 - 363.

[44] DANDAPANI K, LAWRENCE E R, RODRIGUEZ J. Determinants of transactional internet banking [J]. Journal of Financial Services Research, 2018 (54): 243 - 267.

[45] DEBACKEER J, HEIM B T, TRAN A. Importing corruption culture from overseas: evidence from corporate tax evasion in the United States [J]. Journal of Financial Economics, 2015(117): 122 - 138.

[46] DEBREU G. The Coefficient of Resource Utilization [J]. Econometrica, 1951 (19): 273 - 292.

[47] DELGADO J, HERNANDO I, NIETO M J. Do European primarily internet banks show scale and experience efficiencies? [J]. European Financial Management, 2007,13(4): 643 - 671.

[48] DELONG G L. Stockholder gains from focusing versus diversifying bank mergers [J]. Journal of Financial Economics, 2001(59): 221 - 252.

[49] DEMERJIAN P, LEV B, LEWIS M, MCVAY S. Managerial ability and earnings quality [J]. The Accounting Review, 2013,88(2): 463 - 498.

[50] DEMERJIAN P, LEV B, MCVAY S. Quantifying managerial ability: a new measure and validity tests [J]. Management Science, 2012,58(7): 1229 - 1248.

[51] DEMIRGUC-KUNT A, HUIZINGA H. Bank activity and funding strategies: the impact on risk and returns [J]. Journal of Financial Economics, 2010,98(3): 626 - 650.

[52] DEMSETZ S, STRAHAN E. Diversification, size, and risk at bank holding companies [J]. Journal of Money, Credit and Banking, 1997(29): 300 - 313.

[53] DENG S, ELYASIANI E. Geographic diversification, bank holding company value, and risk [J]. Journal of Money, Credit and Banking, 2008(40): 1217 - 1238.

[54] DEWAN S, REN F. Risk and return of information technology initiatives: evidence from electronic commerce announcements [J]. Information Systems Research, 2007a, 18(4): 370 - 394.

[55] DEWAN S, SHI C, GURBAXANI V. Investigating the risk-return relationship of information technology investment: firm-level empirical analysis [J]. Management Science, 2007b, 53(12): 1829 - 1842.

[56] DEYOUNG R, DUFFY D. The challenges facing community banks: in their own words [J]. Economic Perspectives, 2002(4): 2 - 17.

[57] DEYOUNG R. The performance of Internet-based business models: evidence from the banking industry [J]. The Journal of Business, 2005,78(3): 893 – 948.

[58] DEYOUNG R, DUFFY D. The challenges facing community banks [J]. Society, 2004,41(2): 42 – 52.

[59] DEYOUNG R, LANG W W, NOLLE D L. How the internet affects output and performance at community banks [J]. Journal of Banking & Finance, 2007(31): 1033 – 1066.

[60] DIMAGGIO P. Culture and cognition [J]. Annual Review of Sociology, 1997 (23): 263 – 287.

[61] DJALILOV K, PIESSE J. Bank regulation and efficiency: evidence from transition countries [J]. International Review of Economics and Finance, 2019 (64): 308 – 322.

[62] EGLAND K L, FURST K, NOLLE D E, ROBERTSON D. Special studies on technology and banking [J]. Quarterly Journal, 1998,17(4): 25 – 30.

[63] ELBERFELD W, NTI K O. Oligopolistic competition and new technology adoption under uncertainty [J]. Journal of Economics, 2004,82(2): 105 – 121.

[64] FANG Y, HASAN I, MARTON K. Institutional development and bank stability: evidence from transition countries [J]. Journal of Banking & Finance, 2014(39): 160 – 176.

[65] FÄRE R, GROSSKOPF S, MORRIS M, ZHANG Z. Productivity growth, technical progress, and efficiency change in industrialized countries [J]. The American Economic Review, 1994,184(1): 66 – 83.

[66] FARRELL M J. The measurement of productive efficiency [J]. Journal of the Royal Statistical Society. Series A (General), 1957,120(3): 253 – 290.

[67] FARZIN Y H, HUISMAN K J M, KORT P M. Optimal timing of technology adoption [J]. Journal of Economic Dynamic and Control, 1998(22): 779 – 799.

[68] FLECHSIG T. Problems of banking structure: the effect of concentration on bank loan rates [J]. The Journal of Finance, 1965,20(2): 298 – 311.

[69] FRAME W S, WHITE L. Technological change, financial innovation, and diffusion in banking [R]. 2014.

[70] FRIES S, TACI A. Cost efficiency of banks in transition: evidence from 289 banks in 15 post communist countries [J]. Journal of Banking & Finance, 2005 (29): 55 – 81.

[71] FU X, HEFFERNAN S. Cost X-efficiency in China's banking sector [J]. China Economic Review, 2007(18): 35 – 53.

[72] FURST K, LANG W, NOLLE D E. Internet banking: developments and prospects [R]. OCC Economic Working Paper, 2000.

[73] FURST K, LANG W, NOLLE D E. Internet bankingi [J]. Journal of Financial

Services Research, 2002(22): 95 - 117.

[74] GOETZ M R, LAEVEN L, LEVINE R. Identifying the valuation effects and agency costs of corporate diversification: evidence from geographic diversification of U. S. banks [J]. Review of Financial Studies, 2013(26): 1787 - 1823.

[75] GOETZ M R, LAEVEN L, LEVINE R. Does the geographic expansion of banks reduce risk? [J]. Journal of Financial Economics, 2016(120): 346 - 362.

[76] GERTNER R, SCHARFSTEIN D, STEIN J. Internal vs. external capital markets [J]. Quarterly Journal of Economics, 1994(109): 1211 - 1230.

[77] GREENE W H. On the estimation of a flexible frontier production model [J]. Journal of Econometrics, 1980(13): 101 - 115.

[78] HANIFFA R M, COOKE T E. Culture, corporate governance and disclosure in Malaysian corporations [J]. Abacus, 2002,38(3): 317 - 349.

[79] HANNAN T, MCDOWELL J. The determinants of technology adoption: the case of the banking firm [J]. The Rand Journal of Economics, 1984,15(3): 328 - 335.

[80] HASAN I. Do internet activities add value? [R]. The Italian bank experience, 2002.

[81] HASAN I, MARTON K. Development and efficiency of the banking sector in a transitional economy: Hungarian experience [J]. Journal of Banking & Finance, 2003(27): 2249 - 2271.

[82] HERNANDEZ-MURILLO R, LLOBET G, FUENTES R. Strategic online channel adoption [J]. Journal of Banking & Finance, 2010(34): 1650 - 1663.

[83] HERNANDO I, NIETO M J. Is the internet delivery channel changing banks' performance? the case of Spanish banks [J]. Journal of Banking & Finance, 2007 (31): 1083 - 1099.

[84] HICKS J R. Annual survey of economic theory: the theory of monopoly [J]. Econometrica, 1935,3(1): 1 - 20.

[85] HOLMSTROM B. Moral hazard in teams [J]. The Bell Journal of Economics, 1982,13(2): 324 - 340.

[86] HOLMSTROM B, TIROLE J. The theory of the firm [M]//SCHMALENSEE R, WILLIG R D. Handbook of industrial organization. Volume I. New York: North Holland, 1989.

[87] HOUSTON J, JAMES C, MARCUS D. Capital market frictions and the role of internal capital markets in banking [J]. Journal of Financial Economics, 1997 (46): 135 - 164.

[88] HUGHES J P, LANG W W, MESTER L J, MOON C G. The dollars and sense of bank consolidation [J]. Journal of Banking & Finance, 1999(23): 291 - 324.

[89] HUGHES J P, MESTER L J. Bank capitalization and cost: evidence of scale economies in risk management and signaling [J]. The Review of Economics and

Statistics, 1998,80(2): 314 - 325.

[90] HUGHES J P, MESTER L J. Efficiency in banking: theory, practice, and evidence [M]// BERGER A N, MOLYNEUX P, WILSON J. The Oxford handbook of banking. Oxford : Oxford University Press, 2010.

[91] IANNOTTA G, NOCERA G, SIRONI A. Ownership structure, risk and performance in the European banking industry [J]. Journal of Banking and Finance, 2007(31): 2127 - 2149.

[92] IMBIEROWICZ B, RAUCH C. The relationship between liquidity risk and credit risk in banks [J]. Journal of Banking and Finance, 2014(40): 242 - 256.

[93] JAYARATNE J, STRAHAN P E. The finance-growth nexus: evidence from bank branch deregulation [J]. The Quarterly Journal of Economics, 1996,111 (3): 639 - 670.

[94] JENSEN R. Adoption and diffusion of an innovation of uncertain profitability [J]. Journal of Economic Theory, 1982(27): 182 - 193.

[95] JENSEN M. Agency cost of free cash flow, corporate finance, and takeover [J]. American Economic Review, 1986(76): 323 - 329.

[96] JENSEN M, MECKLING W. Theory of the firm: managerial behavior, agency costs, and ownership structure [J]. Journal of Financial Economics, 1986(3): 305 - 360.

[97] JENSEN M, MURPHY K. Performance pay and top management incentives [J]. Journal of Political Economy, 1990(98): 225 - 264.

[98] JIANG C, YAO S, FENG G. Bank ownership, privatization, and performance: evidence from a transition country [J]. Journal of Banking & Finance, 2013 (37): 3364 - 3372.

[99] JIANG C, YAO S, ZHANG Z. The effects of governance changes on bank efficiency in China: a stochastic distance function approach [J]. China Economic Review, 2009(20): 717 - 731.

[100] JOKIPII T, MILNE A. Bank capital buffer and risk adjustment decisions [J]. Journal of Financial Stability, 2011(7): 165 - 178.

[101] JONDROW J, LOVELL C A K, MATEROV I S, SCHMIDT P. On the estimation of technical inefficiency in the stochastic frontier production function model [J]. Journal of Econometrics, 1982(19): 233 - 238.

[102] KARSHENAS M, STONEMAN P. Rank, stock, order, and epidemic effects in the diffusion of new process technologies: an empirical Model [J]. The Rand Journal of Economics, 1993,24(4): 503 - 528.

[103] KEELEY M. Deposit insurance, risk and market power in banking [J]. American Economic Review, 1990(80): 1183 - 1200.

[104] KOOPMANS T C. Activity analysis of production and allocation [M]. New York: Wiley press, 1951.

[105] KUMAR N, RUAN R. On manufacturers complementing the traditional retail channel with a direct online channel [J]. Quantitative Marketing & Economics, 2006,4(3): 289-323.

[106] KUMAR S, RUSSELL R. Technological change, technological catch-up, and capital deepening: relative contributions to growth and convergence [J]. The American Economic Review, 2002,92(3): 527-548.

[107] KUMBHAKAR S C, LIEN G, HARDAKER J B. Technical efficiency in competing panel data models: a study of Norwegian grain farming [J]. Journal of Productivity Analysis, 2014,41(2): 321-337.

[108] KUMBHAKAR S C, TSIONAS E G. Measuring technical and allocative inefficiency in the translog cost system: a Bayesian approach [J]. Journal of Econometrics, 2005a(126): 355-384.

[109] KUMBHAKAR S C, TSIONAS E G. The joint measurement of technical and allocative inefficiencies: an application of Bayesian inference in nonlinear random-effects models [J]. Journal of the American Statistical Association, 2005b (100): 736-747.

[110] KUMBHAKAR C, WANG H. Estimation of technical and allocative inefficiency: a primal system approach [J]. Journal of Econometrics, 2006 (134): 419-440.

[111] KUMBHAKAR S C, WANG H, HORNCASTLE A P. A practitioner's guide to stochastic frontier analysis using stata [M]. Cambridge : Cambridge University Press, 2015.

[112] KUPPUSWAMY V, VILLALONGA B. Does diversification create value in the presence of external financing constraints? evidence from the 2008 - 2009 financial crisis [J]. Management Science, 2016,62(4):905-923.

[113] LEE R P, GREWAL R. Strategic responses to new technologies and their impact on firm performance [J]. Journal of Marketing, 2004,68(4): 157-171.

[114] LEWELLEN G. A pure financial rationale for the conglomerate merger [J]. Journal of Finance, 1971(26): 521-537.

[115] MARIOTTI M. Unused innovations [J]. Economic letters, 1992(38): 367-371.

[116] MCCARDLE K F. Information acquisition and the adoption of new technology [J]. Management Science, 1985(31): 1372-1389.

[117] McKinsey Global Institute. China's digital economy: a leading global force [R]. 2017.

[118] MEEUSEN W, VAN DEN BROECK J. Efficiency estimation from Cobb-Douglas production functions with composed error [J]. International Economic Review, 1977,18(2): 435-444.

[119] MESLIER C, MORGAN D P, SAMOLYK K, TARAZI A. The benefits and costs of geographic diversification in banking [J]. Journal of International Money and Finance, 2016,(69): 287 - 317.

[120] MOLLICK E. The dynamics of crowdfunding: an exploratory study [J]. Journal of Business Venturing, 2014,29(1): 1 - 16.

[121] MWASE M, N'DIAYE M P M, OURA M H, RICKA M F, SVIRYDZENKA K, ZHANG M Y S. Spillovers from China: financial channels [R]. International Monetary Fund, 2016.

[122] NEWMAN K L, NOLLEN S D. Culture and congruence: the fit between management practices and national culture [J]. Journal of International Business Studies, 1996,27(4): 753 - 779.

[123] NGUYEN T H, NEWBY M, MACAULAY M. Information technology adoption in small business: confirmation of a proposed framework [J]. Journal of Small Business Management, 2013,53(1): 207 - 227.

[124] ONAY C, OZSOZ E. The impact of internet-banking on brick and mortar branches: the case of [J]. Journal of Finance Services Research, 2013(44): 187 - 204.

[125] OSTER S. The diffusion of innovation among steel firms: the basic oxygen furnace [J]. Bell Journal of Economics, 1982(13): 45 - 56.

[126] PANA E, VITZTHUM S, WILLIS D. The impact of internet-based services on credit unions: a propensity score matching approach [J]. Review of Quantitative Finance & Accounting, 2015(44): 329 - 352.

[127] PARMETER F, WANG H, KUMBHAKAR C. Nonparametric estimation of the determinants of inefficiency [J]. Journal of Productivity Analysis, 2016 (47): 205 - 221.

[128] PwC's Financial Services Institute. Making omnichannel work: the "to do" list for banks [R]. New York, 2015.

[129] RICHMOND J. Estimation the efficiency of production [J]. International Economic Review, 1974,15(2): 515 - 521.

[130] SAUNDERS A. Banking and commerce: an overview of the public policy issues [J]. Journal of Banking and Finance, 1994(18): 231 - 254.

[131] SCHARFSTEIN D, STEIN J. The dark side of internal capital markets: divisional rent-seeking and inefficient investment [J]. Journal of Finance, 2000 (55): 2537 - 2564.

[132] SEALEY C W, LINDLEY J T. Inputs, outputs, and a theory of production and cost at depository financial institutions [J]. The Journal of Finance, 1977,32 (4): 1251 - 1266.

[133] SHEHZAD C T, HAAN J, SCHOLTENS B. The impact of bank ownership concentration on impaired loans and capital adequacy [J]. Journal of Banking and

Finance，2010(34)：399－408.

[134] SUBRAMANI M，WALDEN E. The impact of e-commerce announcements on the market value of firms ［J］. Information System Research，2001,12(2)：135－154.

[135] SULLIVAN R J. How has the adoption of internet banking affected performance and risk in banks? a look at Internet banking in the tenth federal reserve district ［R］. Federal Reserve Bank of Kansas City·Financial Industry Perspective，2000.

[136] SULLIVAN R，SPONG K. Manager wealth concentration，ownership structure，and risk in commercial banks ［J］. Journal of Financial Intermediation，2007(16)：229－248.

[137] SUN J，HARIMAYA K，YAMORI N. Regional economic development，strategic investors，and efficiency of Chinese city commercial banks ［J］. Journal of Banking and Finance，2013(37)：1602－1611.

[138] TSIONAS E G，KUMBHAKAR S C. Firm heterogeneity，persistent and transient technical inefficiency：a generalized true random-effects model ［J］. Journal of Applied Econometrics，2014(29)：110－132.

[139] Wooldridge J M. Econometric analysis of cross section and panel data ［M］. Cambridge：MIT Press，2010.

[140] WOOLDRIDGE J M. Control function methods in applied econometrics ［J］. Journal of Human Resources，2015,50(2)：420－445.

[141] YUAN X，LEE H，KIM S. Present and future of Internet banking in China ［J］. Journal of Internet Banking and Commerce，2010,15(1)：1－10.

[142] YOO W S，LEE E. Internet channel entry：a strategic analysis of mixed channel structures ［J］. Marketing Science，2011,30(1)：29－41.

[143] ZHANG Y，MEI S，ZHONG W. New technology adoption in a cournot oligopoly with spillovers ［J］. Journal of Economics，2014(112)：115－136.

[144] ZHOU K Z，YIM C K，TSE D K. The effects of strategic orientations on technology-and market-based breakthrough innovations ［J］. Journal of Marketing，2005,69(2)：22－60.

[145] ZHU W，YANG J. State ownership，cross-border acquisition，and risk-taking：evidence from China's banking industry ［J］. Journal of Banking ＆ Finance，2016(71)：133－153.

[146] 布莱特·金. 银行3.0：移动互联时代的银行转型之道[M]. 施轶,白宫,译. 北京：北京联合出版公司,2017.

[147] 蔡卫星. 分支机构市场准入放松、跨区域经营与银行绩效[J]. 金融研究,2016(6)：127－141.

[148] 曹凤岐. 城市商业银行的市场定位[J].农村金融研究,2006(4)：34－37.

[149] 陈冬华,胡晓莉,梁上坤,新夫. 宗教传统与公司治理[J].经济研究,2013(9)：

71 - 84.

[150] 陈冬华,章铁生,李翔.法律环境、政府管制与隐性契约[J].经济研究,2008(3):60 - 72.

[151] 陈波.语言和意义的社会建构论[J].中国社会科学,2014(10):121 - 142.

[152] 程静.论网上银行业务与传统银行业务之间互动关系[J].南方金融,2002(10):35 - 37.

[153] 戴代发,胥莉.互联网金融与传统金融的关系研究——基于网上银行的实证研究[J].上海管理科学,2017(4):71 - 76.

[154] 戴亦一,肖金利,潘越."乡音"能否降低公司代理成本?[J].经济研究,2017(12):147 - 160.

[155] 范里安.微观经济学:现代观点(第八版)[M].费方域,等译.上海:格致出版社,上海三联出版社,上海人民出版社,2011.

[156] 范香梅,邱兆祥,张晓云.我国中小银行地域多元化风险与收益的实证分析[J].管理世界,2010(10):171 - 173.

[157] 范香梅,邱兆祥,张晓云.我国商业银行跨区域发展的经济效应研究[J].财贸经济,2011(1):64 - 71.

[158] 封思贤,郭仁静.数字金融、银行竞争与银行效率[J].改革,2019(11):75 - 89.

[159] 郭妍.我国商业银行效率决定因素的理论探讨与实证检验[J].金融研究,2005(2):115 - 123.

[160] 郭晔,黄振,姚若琪.战略投资者选择与银行效率——来自城商行的经验证据[J].经济研究,2020(1):181 - 197.

[161] 何东伟,王春英,胥莉.地理扩张、行政级别与中小银行绩效[J].上海金融,2017(8):38 - 44.

[162] 何伟岗.浅议网上银行业务的风险与管理[J].经济问题探索,2004(4):47 - 49.

[163] 胡建辉,岳娟丽.存款市场约束对银行成本效率的影响研究——来自中国商业银行微观数据的经验证据[J].中央财经大学学报,2020(1):21 - 33.

[164] 黄惠春,褚保金.我国县域农村金融市场竞争度研究——基于降低市场准入条件下江苏 37 个县域的经验数据[J].金融研究,2011(8):167 - 177.

[165] 黄鉴晖.中国银行业史[M].太原:山西经济出版社,1994.

[166] 黄京华,李静婷.中国商业银行网上银行关键成功因素实证研究[J].系统工程理论与实践,2008(3):16 - 24.

[167] 贾春新,夏武勇,黄张凯.银行分支机构、国有银行竞争与经济增长[J].管理世界,2008(2):7 - 14.

[168] 李成刚.基于 GMDH 算法和面板 Logit 模型的电子银行风险预警研究——来自西部地区城市商业银行的经验证据[J].系统工程,2016(10):11 - 18.

[169] 李广子.跨区经营与中小银行绩效[J].世界经济,2014(11):1 - 19.

[170] 李梦雨,魏熙晔.经济下行背景下城市商业银行跨区域经营研究[J].中央财

经大学学报,2016(10):39-47.

[171] 李维安,曹廷求.股权结构、治理机制与城市银行绩效——来自山东、河南两省的调查证据[J].经济研究,2004(12):4-15.

[172] 李维民.我国网上银行的最新发展[J].生产力研究,2005(5):45-46,78.

[173] 李兴智,丁凌波.网上银行理论与实务[M].北京:清华大学出版社,2003.

[174] 李张珍.互联网金融模式下的商业银行创新[D].北京:中国社会科学院,2016.

[175] 刘超,付金梅.电子银行风险管理过程:中国与欧美国家比较分析的视角[J].生产力研究,2009(22):161-163.

[176] 刘海平.美国网上银行业务风险控制概要[J].国际金融研究,2000(8):65-73.

[177] 刘惠好,杨扬,金蕾.跨区域经营对城市商业银行 X 效率的影响研究[J].经济经纬,2014,31(2):140-145.

[178] 陆岷峰,周军煜.中国银行业七十年发展足迹回顾及未来趋势研判[J].济南大学学报(社会科学版),2019(4):5-19.

[179] 毛洪涛,何熙琼,张福华.转型经济体制下我国商业银行改革对银行效率的影响——来自 1999—2010 年的经验证据[J].金融研究,2013(12):16-29.

[180] 马蔚华.电子商务、网上支付与网上银行发展[J].金融电子化,2001(1):7-13.

[181] 倪建明,崔宇清.网上银行——风险识别与监管框架[J].国际金融研究,2001(3):72-79.

[182] 潘艳红.我国网上银行监管问题与对策[J].商业研究,2006(9):101-103.

[183] 王聪,谭政勋.我国商业银行效率结构研究[J].经济研究,2007(7):110-123.

[184] 王国刚.中国银行业 70 年:简要历程、主要特点和历史经验[J].管理世界,2019(7):15-25.

[185] 王擎,吴玮,黄娟.城市商业银行跨区域经营、信贷扩张、风险水平及银行绩效[J].金融研究,2012(1):141-153.

[186] 魏世杰.业务分散、空间分散与商业银行绩效——基于中国的实证研究[D].天津:南开大学,2010.

[187] 翁智刚,唐元懋,张平.渠道创新绩效传递及动态机制研究——基于中国上市银行 2007—2013 年面板数据[J].南开管理评论,2015(5):110-121.

[188] 吴育辉,吴世农,魏志华.管理层能力、信息披露质量与企业信用评级[J].经济管理,2017,39(1):165-180.

[189] 夏棒.5G 时代下的商业银行渠道数字转型路径与趋势分析[J].农村金融研究,2019,(6):13-17.

[190] 夏喆.公司治理、跨区域经营与风险承担——通径分析视角下我国城市商业银行的行为选择[J].投资研究,2016,35(3):26-42.

[191] 肖明,李海涛.管理层能力对企业并购的影响研究[J].管理世界,2017(6):

184-185.

[192] 谢平,邹传伟.互联网金融模式研究[J].金融研究,2012(12):11-22.

[193] 谢平,邹传伟,刘海二.互联网金融的基础理论[J].金融研究,2015(8):1-12.

[194] 谢世清,王龙.城市商业银行省内外跨区域经营效果的实证研究[J].宏观经济研究,2019(4):98-106.

[195] 杨德勇,曹永霞.中国上市银行股权结构与绩效的实证研究[J].金融研究,2007(5):87-97.

[196] 杨学锋.中国商业银行经营绩效评价体系研究[D].武汉:华中科技大学,2006.

[197] 杨晔,朱晨,谈毅.方言能力、语言环境与城市移民创业行为[J].社会,2019,39(1):211-236.

[198] 姚立杰,周颖.管理层能力、创新水平与创新效率[J].会计研究,2018(6):70-77.

[199] 姚树洁,冯根福,姜春霞.中国银行业效率的实证分析[J].经济研究,2004(8):4-15.

[200] 姚树洁,姜春霞,冯根福.中国银行业的改革与效率:1995—2008[J].经济研究,2011(8):4-14.

[201] 易纲,赵先信.中国的银行竞争:机构扩张、工具创新与产权改革[J].经济研究,2001(8):25-32.

[202] 尹龙.数字化时代的中国银行业:网上银行的发展与监管[J].金融研究,2003(4):105-117.

[203] 张健华.我国商业银行效率研究的 DEA 方法及 1997—2001 年效率的实证分析[J].金融研究,2003(4):11-25.

[204] 张敏,童丽静,张珂源.政治资源有助于城市商业银行"走出去"吗——来自城商行跨区域经营的经营证据[J].系统工程理论与实践,2018,38(4):873-884.

[205] 张衢.商业银行电子银行业务[M].北京:中国金融出版社,2007.

[206] 张铁铸,沙曼.管理层能力、权力与在职消费研究[J].南开管理评论,2014,17(5):63-72.

[207] 张伟,仲伟俊,梅殊娥.创新回报不确定下的新技术采纳研究[J].系统工程理论与实践,2018,38(2):390-400.

[208] 张维迎.博弈论与信息经济学[M].上海:格致出版社,上海三联出版社,上海人民出版社,2004.

[209] 张卓其.电子金融[M].北京:高等教育出版社,2005.

[210] 郑录军,曹廷求.我国商业银行效率及其影响因素的实证分析[J].金融研究,2005,(295):91-101.

[211] 《中国金融年鉴》编辑部.中国金融年鉴 1999[M].北京:中国金融出版社,1999.

［212］中国金融认证中心.2020 中国电子银行调查报告［R］.北京,2020.

［213］中国社会科学院语言研究所,中国社会科学院民族学与人类学研究所,香港城市大学语言资讯科学研究中心.中国语言地图集(第 2 版)［M］北京：商务印书馆,2012.

［214］钟笑寒,汤荔.农村金融机构收缩的经济影响：对中国的实证研究［J］.经济评论,2005,(1)：109－115.

［215］周立.改革期间中国金融业的"第二财政"与金融分割［J］.世界经济,2003(6)：72－79.

［216］周询,周力,王海涛.资源禀赋与城商行跨区域经营——基于金融业数据的"资源诅咒"假说检验［J］.上海经济研究,2015(9)：60－69.

［217］祝继高,饶品贵,鲍明明.股权结构、信贷行为与银行绩效——基于我国城市商业银行数据的实证研究［J］.金融研究,2012(7)：31－47.

索 引

B

不良贷款率 11,21,26,43,44,46,68,
72-74,79,82,103,120,129-131,
133,135,159,167

C

参数方法 11,28,29

偿付风险 24,68,72,78,87,95,100,
101,134,166

成本效率 12,21,25,26,31,32,68,70,
73,77,78,83,84,87,99,101,130,
131,133,135,137,145,148,159,162,
166,168,184

城市商业银行 12,22,25-27,31,33,
36-38,43,67,72,99,103-105,107,
109-111,120,122-126,129,135,
162,164,166,167,173,183-187

Cobb-Douglas 生产函数 29,30,132

存量效应 19,20,50,51

D

代理成本 27,28,75,116,128,184

代理问题 28,104,116,127

贷款资产比 43,70

电子银行 1-4,7-14,16,17,20-24,
32-43,57,61,64-67,69-77,79,82,
100,101,127,162-166,168-173,
184-187

多市场联系指数 43,74

多元化经营 26,30,31,70,75

F

范围经济 25,127

非参数方法 11,28,30,32,132

非利息收入 21,23,24,44,68-74,77,
78,84,87,91,101,129-133,135,
137,145,166

G

工具变量法 90-92,136,137,144-146,
148,149,151,153,155,157

股份制银行 12,33,36-38,43,67,72,
99,103,105,107,109,110,120,122-
124,126,129,164,166,167

固定效应 47,61,75,76,78,95,112,
114,133,135,137,159

规模经济 7,9,12,25,27,35,42,104,
121,127

H

赫芬达尔-赫希曼指数 44,45

J

激励 28

技术创新 17,18,64,66,165

K

控制函数法 76,77,83,92

跨区域经营 8,11,13 – 17,24 – 28,32,
　33,44,46,61,75,103 – 105,107 –
　121,124 – 129,134 – 138,140,142,
　144 – 146,148,149,151,153,155,
　157,159,160,162 – 169,172,173,183 –
　187

L
离散选择模型 68
利润效率 12,25,26,31,68,70,73,77,
　78,84,87,91,95,101,130,131,133,
　135,137,145,148,162,166,168
利息收入 21,23 – 26,68 – 71,73,77,
　78,84,87,100,129 – 133,135,137,
　145,148,159,162,168
流动性危机 24
流行效应 19,20

N
农村商业银行 12,36 – 38,43,67,72,
　99,103,105,107,110,111,120,122 –
　126,129,135,162,164,166,167,173

P
排名效应 19,20,47,51

Q
倾向得分匹配 58
渠道创新 4,7 – 9,12,16,17,32,34,66,
　103,159,164,169,172,173,185

S
市场竞争 4,11,18,35,50,64,65,76,
　99,101,113,117,120 – 122,163,165,
　167,168,170,184
手机银行 1,2,9,10,35,36,43,57,67,

69,100,172
数据包络分析 30,32,132
顺序效应 19,20
随机前沿分析 29 – 32,77,131,132
Translog 生产函数 29,30,132

W
微信银行 9,10,35,36,43,57,67,69,
　100,172
稳健性检验 36,47,51,52,54,57,59,
　69,83,88,89,91 – 93,101,113,117,
　118,148,162

X
协同效应 27,104
信息不对称 27,112,116,128
信用风险 22,68,70,72,79,87,170

Y
银行绩效 7,11,13,14,16,17,20 – 25,
　28,30,32,33,66,68 – 71,75,82,83,
　91,94,95,99 – 101,103,104,121,
　126,134 – 138,140,142,144 – 146,
　148,149,151,153,155,157,162,164,
　168,169,171 – 173,183 – 185,187

Z
资本充足率 11,24,26,68,72,73,78,
　82,95,99,101,103,120,124,130,
　134,135,167
资产回报率 43,44,46,64,65,74,78,
　130,134,135,165
Z-score 68,69,73,74,78 – 80,82,84 –
　86,88 – 91,93,94,96 – 98,100,130,
　134,135,138 – 143,146,147,149 –
　158